6.25전쟁기
부산지방 기독교

이 상 규 지음

6.25전쟁기 부산지방 기독교

초판 1쇄 2024년 7월 26일
지은이 이상규
발행처 한국교회와역사 연구소
출판 도서출판 카리타스
주소 부산광역시 동구 중앙대로 298 부산 YWCA 304호
전화 051)462-5495
홈페이지 www.enkorea.kr
등록번호 제3-114호

ISBN 978-89-97087-82-2

6.25전쟁기
부산지방 기독교

이 상 규 지음

한국교회와역사 연구소

CONTENTS

이번에 '6.25 전쟁기 부산지방 기독교'라는 책을 출판하게 되었습니다. 이 책은 6.25 전쟁 70주년을 기념하여 전쟁기 부산지방 기독교, 혹은 부산지방 교계의 상황이 어떠했던가를 소개하려는 의도에서 쓴 글입니다. 이 글은 본래 부산에서 발간되는 「한국기독신문」 864호(2020. 5. 27)부터 916호(2022. 12. 25)까지 50여 회 연재한 원고를 정리한 것입니다.

1950년 6월 25일 시작된 전쟁은 1953년 7월 27일 정전협정으로 휴전하기까지 3년 1개월 2일, 곧 1,129일 동안 계속되었고, 부산은 마지막 피난지였습니다. 전쟁 발발 직전 부산시 인구는 47만 명에 불과했으나 부산 인구는 급증했고 1.4 후퇴 이후 84만여 명으로, 후에는 100만 명 이상으로 늘어났습니다. 전쟁이 발발하자 수도는 대전으로(6. 27), 대구로(7. 16)로 이전하였고, 8월 18일부터 10월 27일까지 부산이 임시수도가 됩니다. 서울로 환도했으나 중공군의 개입으로 1951년 1월 3일부터 1953년 8월 15일까지 부산은 다시 임시수도가 됩니다. 그래서 부산은 2년 10개월 7일, 곧 1,023일 간 임시 수도였습니다.

임시 수도이자 피난 도시 부산은 혼란과 무질서, 고통과 아픔, 좌절과 절망의 도시였고 생존을 위한 또 다른 전쟁터였습니다. 이런 현실에서 기독교회의 상황은 어떠했을까요? 그리고 기독교와 기독교 구호기관, 혹은 선교사들은 어떻게 피난민들을 돕고 구호활동을 전개했을까요? 이 책은 이런 질문에 대한 대답입니다. 전쟁의 발발과 피난지 부산의 상황, 피난민들의 부산 이주와 교회 설립(1장), 부산에서 전개된 기도운동과 구국운동(2장), 밥 피어스와 빌리 그래함의 부산 방문과 전도집회, 부산에 온 첫 유대인 군목의 활동(3장), 그리고 전쟁기 부상당한 자와 피난민들을 위한 부산에서의 의료기관의 설립과 활동(4장), 피난민들을 돕고 구호 활동을 전개했던 선교사들(5장)과 구호 단체(6장), 그리고 전쟁기 피난지에서 계속된 신학교육(7장) 등에 대해 소개하고, 이 글을 마감하면서 전쟁, 그리고 6.25 전쟁을 어떻게 볼 것인가(8장)를 정리했습니다.

1950년 6월 25일 발발한 전쟁을 '6.25사변', '6.25동란', '한국전쟁' 혹은 '6.25전쟁'이라고 말하지만 이 책에서는 주로 '6.25전쟁'이라고 썼습니다. 이 책은 많은 부분에서 부족하고 불충분하고 또 누락된 주제나 인물들도 적지 않습니다. 특히 전쟁기 외원단체나 구호기관, 피난민을 위해 일했던 이들에 대한 기록이 부족합니다. 그럼에도 불구하고 전쟁기 부산에서의 기독교의 현실과 기여, 구호와 봉사 등 기독교회의 활동을 헤아리는 데 도움이 될 것으로 생각합니다.

이 책을 차례대로 읽으시면 도움이 되겠지만 반드시 그렇게 할 필요는 없습니다. 주제중심의 독립된 기록이기 때문에 항목을 따라 관심 있는 주제를 선택하여 읽어도 됩니다. 이 글을 연재하도록 배려해 주신 「한국기독신문사」 신이건 사장과 신상준 국장, 담당기자였던 오혜진 기자, 그리고 이 책 출판을 위해 수고해 주신 도서출판 카리타스의 박수정 사장님께 감사드립니다. 그리고 이 책을 읽고 기꺼이 추천의 글을 주신 탁지일 교수님, 박시영 회장님, 박태안 박사님, 그리고 박효빈 선생님께도 깊은 감사를 드립니다.

2024년 6월 25일
이상규

1. 6.25 전쟁과 부산지방 기독교

1) 전쟁의 발발, 확대되는 전선

흔히 '6.25사변', '6.25동란', '6.25전쟁', 혹은 '한국전쟁' 등으로 불리는 민족상쟁의 사변(事變)[1]은 우리 민족의 일대 수난이었다. 해방된 지 불과 5년만인 1950년 6월 25일 시작되어 1953년 7월 27일 정전협정으로 휴전하게 되기까지 3년 1개월 2일, 곧 1,129일 동안 계속된 전쟁은 엄청난 인적 물적 피해와 함께 분단을 고착화시키는 결과를 가져왔고, 그 이

---

[1] 6.25동란은 선전포고 없이 무력으로 대한민국을 공격한 사변이었고, 그것은 북한 김일성 집단이 소련과 중공의 후원을 얻어 남침한 남침 전쟁이었다. 이런 점에서 '6.25사변', '6.25 동란' 이라고 부르는 것이 타당하고 '6.25 전쟁' 이라고 명명할 수 있으나, '한국전쟁' 이라고 부르는 것은 도발의 주체를 드러내지 않고 남북 간의 충돌이 빚은 내전(內戰)인 것처럼 말하는 용어이기에 적절하다고 볼 수 없다. '내전론(內戰論)' 을 말하는 대표적인 학자가 수정주의 학자인 부르스 커밍스(Bruce Cumings)인데, 그는 6.25 전쟁은 북한, 소련, 중국이라는 북방 공산주의 3개국이 사전에 긴밀하게 공조하여 일으킨 것이 아니라 전쟁 직전 38선 상에서 벌어졌던 국경분쟁이 전면적으로 비화되면서 일어난 전쟁이라고 주장한다. 그러나 이 주장은 소련의 비밀문서의 공개 이후 잘못된 주장이라는 점이 드러났다. 김영호 외, 『한국현대사』 (서울: 세종연구원, 2013), 156.

후 남북한 간의 대립과 갈등을 초래했다. 양측 간의 불신과 대립은 지난 70년의 아픈 역사를 이어왔다. 물론 전쟁은 갑자기 일어난 것은 아니었다. 1945년 이후 계속된 냉전체제와 미국과 소련, 중국 간의 대립과 패권주의의 영향이 컸다. 해방 후 좌우익 간의 대립이 심화되었고, 1948년 4월 3일에는 제주도 4.3사건이, 그해 10월 20일에는 여순사건이 일어났다. 이때부터 1950년 한국전쟁이 발발할 때까지 게릴라전을 포함한 정치적 대립으로 약 10만 명의 희생자가 생겨났다. 1950년 5월 30일에는 제헌국회의 임기가 끝나고 총선이 실시되었는데, 전체 의석 210석 중에서 이승만의 집권세력은 겨우 30여석을 얻는데 그쳤고, 무소속으로 출마한 126명이 당선되었다. 이승만 정권의 정치적 불안정을 예고했다.

　당시 남한의 군사력은 열악했다. 병력은 북한군 201,050명의 절반인 103,827명에 불과했고, 북한의 항공기는 226대였으나 우리는 22대, 북한의 함정은 110척이었으나 우리는 겨우 36척에 불과했다. 북한의 화포는 2,492문에 달했으나 우리는 절반인 1,051문뿐이었다. 북한은 242대의 전차가 있었으나 우리에게는 단 한 대도 없었다. 절대적인 열세였다. 6.25 직전 전방 지휘관들은 대거 교체되었고, 6월 23일 자정을 기해 비상경계령도 해제되었다. 농번기가 되었다는 이유에서 6월 24일 토요일 오전 일과를 마친 병사들에게 외출과 외박을 허락했다. 6월 24일 밤 육군회관 낙성식에 참석한 전

후방부대 지휘관들은 저녁 늦게까지 파티를 지속했다. 응전할 수 있는 환경이 아니었다.

국외적으로 볼 때, 1949년 8월 소련은 핵무기 실험에 성공했고, 그해 10월에는 중국 공산당이 주도하는 중화인민공화국이 수립되었다. 이는 김일성 정권에 힘을 부여하였고, 한반도에서 패권을 노리는 미국과 소련의 대결은 깊어만 갔다. 이런 상황에서 미국의 국무장관 애치슨(Dean G. Acheson)은 1950년 1월 12일 연설에서 한국과 대만을 미국의 방어선에서 제외한다는 이른바 애치슨 라인(Acheson line)을 발표했다. 한국에서 군사적 대립이 있더라도 미국이 관여하지 않을 것이라는 암시였다.

이러한 일련의 변화 속에서 긴장은 고조되었고, 1950년 6월 25일 새벽 4시, 북한의 남침으로 전쟁이 개시되었다. 서쪽의 옹진반도로부터 개성, 전곡, 포천, 양양 등 4개 축선(軸線) 11개 지점에 이르는 38도 선 전역에서 남침을 개시한 것이다. 그날 한반도 전역에 내리던 비는 우리 민족의 장래에 대한 불길한 징조였다. 인민군은 6월 26일 임진강 일대와 의정부 및 춘천을 돌파했다. 27일 밤 북한군은 미아리 삼거리에 설치해 두었던 장애물을 밀어제치고 길음교를 통과하고 서울 도심으로 진출했다. 개전 3일 만인 6월 28일에는 서울을 점령했다. 서울을 점령하기까지 소요된 시간은 3일 7시간 30분이었다. 28일 새벽 2시 30분 한강교를 폭파했고, 이승만 정부는 서울을 포기하고 남쪽으로 후퇴하였다. 남침 하루만인 6월 26일 오전 4시(현지시간 25일 14시)에는 유엔 안전보장이사회(안보리) 긴급 이사회가 열렸고, 북한이 침략행위를 중단하고 38도선 이북으로 철수할 것을 권고했다. 이 권고를 무시하자 유엔 안보리는 28일 유엔 회원국들의 해,공군을 통한 한국지원을 요청하는 결의안을 통과시켰다. 유엔군의 참전을 결의한 것이다. 맥아더 장군은 6월 29일 한국 전선을 시찰했고, 7월 7일 개최된 안보리는 유엔군 사령부 설치안을 가결시켰고, 10일 맥아더 장군은 공식적으로 유엔군 사령관으로 임명되었다. 이로서 거의 90%가 미국 군인이었지만 16개국의 군인으로 구성된 유엔연합군이 창설되었다. 참전한 나라는, 북미의 2

미제1기병단이 세운 38선 표지판. 출처: E.L.로우니, '운명의 1도', 33.

'6.25 전쟁 참전국 및 피해상황'

구분	참전국	참전 인원		피해 상황				
		연인원	참전형태	전사	부상	실종	포로	계
전투지원국(16)	미국	1,789,000	육·해·공군	33,686	92,134	3,737	4,439	133,996
	영국	56,000	육·해군	1,078	2,674	179	978	4,909
	캐나다	26,791(25,687)	육·해·공군	516	1,212	1	32	1,761
	호주	17,164(8,407)	육·해·공군	340	1,216		28	1,584
	튀르키예	21,212(14,936)	육군	966	1,155		244	2,365
	필리핀	7,420	육군	112	299	16	41	468
	태국	6,326	육·해·공군	129	1,139	5		1,273
	네덜란드	5,322	육·해군	120	645		3	768
	콜롬비아	5,100	육·해군	213	448		28	689
	그리스	4,992	육·공군	192	543		3	738
	뉴질랜드	3,794	육·해군	23	79	1		103
	에티오피아	3,518	육군	122	536			658
	벨기에	3,498	육군	99	336	4	1	440
	프랑스	3,421	육·해군	262	1,008	7	12	1,289
	남아공화국	826	공군	36			8	44
	룩셈부르크	100(83)	육군	2	13			15
의료지원국(6)	독일	117(의사)	적십자병원					
	노르웨이	623	이동외과병원	3				3
	덴마크	630	병원선					
	스웨덴	1,124	적십자병원					
	이탈리아	128	적십자병원					
	인도	627	야전병원	3	23			26
합계	22개국	1,957,733(1,938,330)		37,902	103,460	3,950	5,817	151,129

* 괄호는 상이한 통계임.
* 국방부군사편찬연구소 병력지원군자료(2014)등에 근거함.

개국(미국, 캐나다), 남미의 1개국(콜럼비아), 아시아 4개국(호주, 뉴질랜드, 필리핀, 태국), 아프리카 2개국(남아공화국, 에티오피아), 그리고 유럽의 7개국(영국, 벨기에, 프랑스, 그리스, 룩셈베르그, 네덜란드, 튀르키예)이었다.

  인민군은 7월 4일에는 안양을, 6일에는 안성과 평택을 점령하고, 이날 인민군은 오산 부근에서 미국 제24사단과 첫 교전을 벌였는데, 이 전투에서 미24사단에게 치명타를 가했다. 7월 19일부터는 대전 공략에 들어갔고, 7월 24일에는 대전을, 25일에는 김천을, 7월 말에는 목포와 진주를, 8월 초에는 포항을 점령했다. 이런 상황에서 유엔군은 8월 3일 낙동강 철교를 폭파하고, 마산-왜관-영덕을 잇는 워커라인이라 불리는 방어선을 구축했다. 8월 말 북한군 주력부대는 낙동강까지 진출하면서, 낙동강을 사이에 두고 전선은 교착상태로 들어갔다. 북한군은 전쟁 개시 한 달 남짓한 기간에 낙동강 남서부 일부 지역을 제외한 남한 지역의 90% 이상, 인구로는 92% 이상을 수중에 넣었다. 이제 부산은 마지막 피난지가 되었고, 생명을 부지할 수 있는 '의의 피난처'가 되었다.

  2) 피난지 부산
  각지에서 피난민들이 부산으로 몰려들기 시작했다. 부산으로 온 첫 피난민은 6월 28일 서울을 떠난 군인가족이었다고 한다. 그 후 전세의 급전에 따라 부산으로 피난민이 몰려들었고 부산 인구는 급증했다. 1945년 당시 부산 인구는 30만 명, 전쟁 발발 직전에는 47만 명에 불과했으나 부산 거주 인구는 급증했고 1.4 후퇴이후 84만여 명으로, 1952년에는 85만 명으로, 후에는 100만명 이상으로 늘어났다.

피난민들이 몰려왔으나 수용할 수 있는 시설이 없었고, 정부로서는 피난민들에게 신분증을 발급하는 것 외에는 당장 할 수 있는 일이 없었다. 곧 정부와 부산시는 급한 대로 피난민들을 수용할 수 있는 교회당이나 극장, 공장 등을 차출하였고, 임시수용시설을 마련했다. 대표적인 곳이 남구 적기(赤崎, 현재의 감만동)에 위치한 일제 강점기 소(牛) 수출 검역소, 영도의 대한도기, 영도 해안가, 영도 청학동, 대연 고개, 남부민동, 괴정 당리 등 40여 곳에 임시수용소를 만들었다. 그러나 이 모든 곳을 합쳐도 수용할 수 있는 인구는 7만 명 정도에 불과했다. 다수의 피난민들은 거처를 얻지 못해 임시변통으로 천막을 치거나 땅굴을 파고 살았다. 양식은 물론이지만 식수와 전력 부족으로 생활은 극도로 궁핍했다.

국군과 유엔군은 마지막 낙동강 전선에서 저항하고 있었으나 전세의 큰 변화를 가져온 것은 1950년 9월 15일 금요일 감행된 인천 상륙작전이었다. 콜린스(Joseph Lawton Collin) 미육군참모총장은 이 작전을 반대했고, 셔먼(Forrest P. Sherman) 해군참모총장은 인천으로의 상륙 성공률 5천분의 1이

창녕지방의 한 농부가 병든 아내를 지고 김해인근의 피난민수용소로
이동하고 있다. UN이 찍은 이 사진은 미국 인디에나 고센의 고센대학 내의
메노나이트고문서관(Archives of Mennonite Church에
여러 장 보관되어 있는데, 필자는 2000년 7월 27일 이곳의 사서
데니스(Dennis)로부터 입수하였다.

라고 하면서 반대했다. 미합참도 반대했다. 그러나 맥아더 장군은 작전을 성공으로 이끌었다. 국군과 유엔군은 곧 인천을 점령하고 9월 28일에는 서울을 탈환했다. 이름 그대로 서울 수복이었다. 9월 29일 낮 12시에는 서울 환도식(還都式)을 거행했다. "오늘의 승리는 오로지 하나님의 도우심이 없었다면 불가능했을 것입니다. 이제 서울시민들은 공산군의 입제에서 해방돼 자유와 인권을 되찾았습니다." 이승만 대통령의 연설이었다. 여세를 몰아 북진하여 한국군 3사단 23연대는 최초로 10월 1일 38선을 돌파하였다(그래서 1956년 9월 14일 국무회의는 이날을 기념하여 '국군의 날'로 제정 공포하게 된 것이다). 10일은 원산을, 19일에는 평양을 점령하였고, 26일에는 초산의 압록강까지 진격하여 통일을 눈앞에 두는 듯 했다.

그런데 38선을 돌파하자 김일성과 박헌영은 마오쩌둥(毛澤東)에게 긴급 지원을 요청했고, 중국공산당은 10월 5일 한국전 참전을 결정하고 19일 전쟁에 뛰어들었다. 항미원조(抗美援朝) 보가위국(保家衛國)이라는 이름으로. 중공군의 공격은 1950년 10월 25일 본격적으로 개시되었다. 이제 전쟁은 새로운 국면으로 접어들었고 동족 간의 살육은 중공군에 의해 더욱 심화되었다. 함경도 개마고원 인근의 장진호에서 고립된 유엔군은 처참한 희생을 치르고, 국군과 유엔군은 다시 후퇴하지 않으면 안 되었다. 전세가 역전되자 북한 주민들은 피난을 위해 흥남으로 몰려 왔다. 이들을 안전한 곳으로 이동시키기 위한 작전이 흥남철수작전이었다.

　10만5천 명의 군병력과 9만1천 명의 민간인, 각종 차량 1만 7500대, 그리고 35만 톤의 물자를 수송한 이 작전은 세계전쟁사에서 유래가 없는 인도적인 철수작전이었다. 마지막 출항선인 7천6백톤급 민간화물선 매러디스 빅토리(Meredith Victory)호는 무기와 물자를 버리고 정원의 230배를 초과한 1만4천명의 피난민을 태워 12월 23일 흥남부두를 출발했고, 3일간의 혹한의 추위에도 불구하고 800km의 항해를 마치고 거제도 장승포항에 도착했다. 상당수의 기독교 신자들이 이렇게 북한을 탈출했다.

　중공군의 공세는 위협적이었다. 서울은 1월 4일 다시 공산

1.4 후퇴 때의 피난민들, R. Whelan, *Drawing the Line*, 210.

피난민들, R. Thompson, *Cry Korea*, 177.

피난민들, R. Thompson, *Cry Korea*, 176.

군의 수중에 들어갔다. 이런 상황에서 피난이 불가피했다. 이른바 1.4 후퇴였다. 다시 부산으로 피난민이 몰려들었다. 1.4 후퇴 이후를 흔히 제2차 피난이라고 부른다. 이 시기 부산 인구는 84만 명으로 불어났다. 양성봉 경남지사의 보고에 의하면, 경상남도로 피난해 온 피난민은 약 45만 명가량 되는데, 이중 부산으로 유입된 피난민은 대략 25만 명으로 파악했다.[2] 이 보다 더 많은 피난민들이 부산으로 오고 싶었으나 정부의 부산 유입 제한 조치로 다소 억제되었으나 생사의 기로를 막을 수 없었다. 1951년 봄 전세는 다시 역전되었다. 국군과 유엔군은 3월 18일 다시 서울을 탈환하였고, 3월 22일에는 38선 이남을 모두 탈환하였다. 그러나 38선을 사이에 두고 남과 북은 치열한 전투를 벌였고 밀고 당기는 장기적인 소모전에 몰입하였다. 전쟁이 교착상태에 빠지자 내외로부터 휴전에 대한 요구가 대두되었다. 마침내 유엔군과 공산군은 1953년 7월 27일 휴전협정에 조인함으로서 3년 1개월간 계속되던 전쟁은 종식되었다.

3) 임시수도 부산

피난지 부산이 임시수도가 되는데, 전쟁이 발발하자 수도는 6월 27일 대전으로, 7월 16일에는 대구로 이전하였고, 8월 18일 부산으로 수도를 옮겼다. 인천 상륙 작전으로 전세가

---

2) 프란체스카의 난중 일기, 『6.25와 이승만』(기파랑, 2010), 355.

역전되자 환도하였는데, 1950년 8월 18일부터 10월 27일까지 70일이 1차 임시 수도였고, 중공군의 전쟁 개입으로 다시 서울을 내줄 수밖에 없었던 1·4 후퇴 하루 전부터 휴전 협정 체결로 환도할 때까지, 곧 1951년 1월 3일부터 1953년 8월 15일까지 부산은 제2차 임시수도였다. 그래서 부산은 1, 2차를 합쳐 2년 10개월 7일간 임시수도였는데, 통산 1,023일이었다. 그래서 '임시 수도 부산 1000일'로 일컬어지고 있다. 부산이 임시 수도일 때, 정부 청사는 경남 도청(현 동아대학교 박물관) 본관에, 보건부와 문교부는 옛 부산시청에, 상공부는 남선전기 사옥(현 한전 토성동 지점)에 자리 잡았다. 교통부 청사는 부산진구 범천동 범곡교차로 인근에 있었기 때문에 아직도 이 일대를 '교통부'라 부르고 있다. 국회는 처음에 부산극장을 의사당으로 사용하다가 후에는 경남도청 상무관(경남

1951년 용두산 남쪽 피난민 거주지, 출처: 부산일보BD, 김한근

도청 체육관)으로 옮겼다. 경남도청 본관 뒤편의 도경찰국은 군경합동 작전사령부로 사용되었다. 경남도지사 관사는 대통령 관저(현 임시수도 기념관)가 되었고, 남포동 소화장 아파트는 국회의원들의 관사가 되었다.

비록 부산이 임시수도가 되었지만 이승만 대통령이 항상 부산에 체류한 것은 아니었다. 서울 대구 울산 경주 진해 등 여러 곳을 시찰하거나 전선을 시찰하기도 했다. 그는 늘 전화에 지친 백성들을 생각하며 마음 아파했다. 서울을 수복했으나 서울의 구호대상 전재민이 40만이 넘었고, 남편을 잃거나 부모를 잃은 고아들이 늘어만 갔다. 대통령의 부인 프란체스카 여사도 1950년 10월 12일 자 일기에서 이렇게 썼다. "요즘은 잠자리에 누우면 전쟁고아들의 애처로운 모습이 아른거리고 부상병들의 신음소리가 귓전을 맴돌아 잠이 오지 않는다." 라고. 전화의 흔적은 곳곳에 흩어져 있었다. 건장한 젊은이들이 불구의 몸이 되어 몸부림치고, 전쟁미망인들이 늘어가고 고아들이 고통당하는 현실에서 대통령이 잠이 오겠는가라고 프란체스카 여사가 기록했다. 이승만 대통령은 한밤중에 일어나 침대에 엎드려 기도했다고 한다. "하나님, 이 미련한 늙은이에게 보다 큰 능력을 허락하시어 고통 받는 내 민족을 올바로 인도할 수 있는 힘을 주소서!" 라고.[3] 이 기도 소리를 들으며 부인도 눈물을 흘렸다고 한다. "고난의 역사를 짊어지

---

3) 프란체스카 도너 리, 『6.25와 이승만』(기파랑, 2010), 193.

고 가야하는 민족 지도자의 그 무거운 어깨를 누가 백분의 일이라도 이해할 수 있겠는가?" 그래서 영부인도 "하나님! 우리를 불쌍히 여기사 큰 힘을 내려주시옵소서"라고 기도했다고 한다.

4) 부산으로 온 이승만 대통령

전쟁의 발발과 함께 이 대통령이 서울을 떠난 날은 6월 27일이었다. 전세가 악화되자 신성모 국방장관, 이기붕 서울시장, 조병옥 박사 등의 간곡한 건의에 따라 이날 새벽 3시 용산역에 대기 중인 특별열차로 남쪽으로 향했다. 사실 이 대통

1948년 8월 15일, 대통령 취임당시의 이승만과 맥아더 장군.
이때가 맥아더의첫 한국 방문이었다. W. R. Adam ed.,
Pictorial History of the Korean War(1951), 25.

령은 국방장관의 건의를 받고도 서울 사수를 고집하며 떠날 수 없다고 외쳤으나 적의 탱크가 청량리까지 들어왔다는 보고를 받고(이 보고 내용은 사실이 아니었다. 대통령을 피난하게 하기 위한 거짓 보고였다) 참모의 뜻을 따랐다. 참모들의 입장에서 볼 때 대통령이 서울을 사수하다가 북한군에 생포되거나 사망하여 유고가 된다면 최악의 사태로 발전할 수 있기 때문에 탈출을 건의한 것이다. 일부의 인사들은 이승만은 전쟁이 발발하자 수도 서울과 국민을 저버리고 혼자 몰래 도망을 갔다고 말하지만 이는 근거 없는 비난이며 사실이 아니다.

서울을 떠난 대통령은 오전 11시 40분 대구에 도착했는데, 전황을 보고받고 보니 너무 일찍 서울을 떠난 것 같아 다시 서울로 돌아가려고 했으나 수행원들의 반대로 대전까지 북상하여 그날 5시에 도청에 자리 잡았다.[4] 그런데 전세가 불리하게 전개되자 무초(John Muccio, 1900-1989) 미국 대사는 대통령에게 대전 탈출을 건의했다. 이때에도 대통령은 물론 부인까지도 '도망치기 보다는 대전에서 죽겠다'고 입장을 굽히지 않았다. 미군이 대전 북방에서 북한군을 저지해야 한다는 의사의 표시였다. 그러나 경북가도는 미군보급로로 사용될 예정이므로 전라도를 거쳐 목포에서 해로로 부산으로 가야 한다는 충고를 받고 7월 1일 새벽에 대전을 떠났고, 이리(익산)에서 특별열차 편으로 목포를 거쳐 그 다음날 진해에 도

---

4) 유영익, 『이승만 대통령 재평가』(연세대학교출판부, 2006), 216-7.

착했다.[5] 곧 부산으로 이동하여 부산에 도착한 날은 1950년 7월 2일 새벽이었다. 일행은 부인 프란체스카 여사를 비롯하여 공보처장 이철원(李哲源), 비서 황규면(黃圭冕), 경무대 서장(지금의 경호실장) 김장흥(金長興) 등 5명이었다.[6] 사실은 이때부터 부산은 임시수도였고, 경남도지사 관사가 대통령의 관저가 된다. 부산 천도가 공식화된 것은 이 대통령이 부산에 온지 50여일이 지난 8월 18일이었다.

5) 경남도지사 양성봉 장로

양성봉(梁聖奉, 1900-1963) 장로는 6.25 전쟁기 부산과 경남지방 행정관료였다. 1949년 12월 제4대 경남도지사로 임명된 그는 1953년 10월까지 3년 11개월 동안 경남도지사로 활동했다. 말하자면 양성봉은 6.25 전쟁기 피난수도 부산의 지도자였고 전쟁기 부산경남지방 행정의 중심에 있었다. 이런 점에서 그의 역할이 어떠했는가는 중요한 의미를 지닌다.

양성봉은 1900년 2월 8일 부산시 좌천동 224번지에서 양덕유(梁德有)와 한모악(韓母岳, 후일 한영일 韓永日, 혹은 남편의 성을 따라 양영일로 불리기도 함)의 10녀 1남 중 여섯 번째로 태어난 외동아들이었다. 위로 누나 다섯(수혜, 한라)과 아래로 여동생 다섯(봉옥, 순옥)이 있었다. 양성봉의 부모는 부산진교회 초

5) Harold J. Noble, *Embassy at War* (Seattle: University of Washington Press, 1975), 105-122.
6) 부산일보사, 『경상남도 백년』 (부산일보사, 1991), 244.

기 신자로 1901년 2월 10일 왕길지 선교사에게 세례를 받았다. 모태신앙인으로 출생한 양성봉은 부모를 따라 부산진교회에서 성장했으나 4살 때인 1904년 11월 30일 부모를 따라 하와이로 이민을 갔다가 2년 뒤인 1906년 다시 부산으로 돌아왔다. 그 후 부산진공립보통학교에서 공부한 후 부산상업학교(현 개성고등학교)에 진학하여 1917년 졸업했다. 졸업 후에는 부산철도국 서무과에 취직하여 일하기도 했고, 울주군 서생면에서 교편을 잡기도 했다. 부산으로 돌아 온 후에는 어을빈(魚乙彬, Charles Irvin)의 제약회사에서 일하게 된다.

그러던 중 해방을 맞았고, 1945년 8월 17일 조선건국준비위원회 경상남도지부 발기 총회에 참여하고, 문화 외교부장으로 발탁된다. 미군정이 실시되자 1945년 10월 10일에는 부산부 총무과장(주사)이 되었다. 45일 만인 그해 11월 26일에는 부산시 부윤(府尹), 곧 부시장에 취임했다. 그의 행정능력과 영어 실력도 고려되었다고 한다. 그로부터 2개월 후인 1946년 1월 24일에는 제1대 부산시장에 취임하여 미군정이 끝난 후인 1948년 11월 6일까지 2년 10개월간 재임했다. 시장 재임기에 중립국 감시단의 인도인 메논(K. P. S. Menon, 1898-1982) 단장과 중국의 유어만(劉御萬, 1897-1966) 사무총장 등 20여명을 부산으로 초청하여 동래별장에서 극진하게 대접하는 등 외교수완을 발휘하여 남한만의 총선거를 유도하는 등의 업적으로 이승만의 인정을 받았다고 한다.[7]

기독교 신자로서 성실하고 정직한 시정을 이끌었던 그는 1949년 6월 17 관선 제2대 강원도지사로 임명되어 5개월간 일하고 그해 11월 15일 물러났으나 12월에는 제4대 경남도지사가 되었다. 그로부터 7개월 후 6.25전쟁이 일어났다. 약 두 달이 지난 1950년 8월 18일부터 부산은 임시수도가 되는데 이때부터 휴전 협정 체결로 환도할 때까지 2년 10개월 7일간 임시수도였다.

부산이 임시수도가 되자 경남도지사인 양성봉 장로는 도지사 관사를 대통령 관저로 내어주고 자신은 부산 초량의 본가로 돌아와 대통령을 보위하였고, 그가 장로로 있던 초량교회는 피난민 구호에 앞장섰다. 이런 일로 초량교회는 전국적으로 이름을 높였고, 1951년 4월 29일 주일에는 대통령 이승만 박사가 초량교회 예배에 참석하기도 했다. 이 기간 동안 양성봉 지사는 이승만 대통령의 신임을 받았고, 환도 직후인 1953년 10월에는 농림부장관에 취임하였다.

그런데, 전쟁기 양성봉 지사는 민생과 민심 수습을 제일의 과제로 여기고 피난민 구호를 위해 크게 헌신했다고 한다. 전쟁 전 부산시 인구는 47만여 명이었는데, 개전 50여일이 지난 8월 10일에는 68만3천명으로, 1951년 2월 10일 실시된 부산시 인구는 89만명이었다. 피난민이 40만 명에 달했고, 부산에 포로수용소까지 설치되어 인구 포화상태였다. 급격한

7) 『경상남도백년』 (부산일보사, 1991), 179.

인구 증가에 따른 주택 식량 전기 식수문제만이 아니라 공중 위생 문제, 쓰레기 처리문제와 교통문제가 발생했다. 주택 상황이 심각했는데, 수용시설 외에도 1953년 7월 4일 현재 판자집이 28,619호에 달했는데, 영주동 산기슭에 1,000호, 영도대교 인근에 약 700호, 보수동에 약 600호, 송도에 약 300호, 국제시장에 약 1,200호였다고 한다.[8]

이런 상태에서 양성봉 지사는 피난민 대책에 행정력을 집중했고, 생존의 문제가 시급했으므로 특히 구호사업에 큰 관심을 가지고 외원(外援) 기관의 협조를 얻었다. 이 과정에서 부인 문복숙과 누이 양한라의 도움이 컸다고 한다. 그는 재임 중에도 검소하게 살고 청렴하고 결백한 도백이었다는 평가를 받고 있다. 청계(淸溪)라는 아호처럼 계곡의 푸른 물처럼 살았는데, 이것은 자신이 교회 장로라는 자각이 컸기 때문이라고 한다. 임시정부가 환도한 후 1953년 10월 농림부 장관이 되어 서울로 올라갔고, 1954년 6월 장관직을 물러난 뒤에는 정원과 온실을 갖춘 초량의 옛집에 살며 부산YMCA, 향토문화연구회, 부산로타리클럽 등에 관여하며 지내 던 중 1963년 6월 3일, 63세의 나이로 세상을 떠났다. 사인은 뇌졸중이었다.

6) 기독교회의 상황과 피난민교회의 설립

그렇다면, 6.25전쟁기 부산지방의 기독교회의 상황은 어떠

---

8) 조봉휘 외, 『부산 근현대사 산책』(국학자료원, 2017), 261.

했을까? 필자가 여러 지면에 거듭 언급했지만 부산에서 기독교회는 1892년 부산진교회와 초량교회(혹 1893년) 설립이후 여러 지역에 교회가 설립되는데, 1896년에는 영도교회(현 제일영도교회), 1904년에는 엄궁교회(현 은혜로교회)와 하단교회,[9] 1905년에는 항서교회, 수안교회, 금성교회, 구포교회가 설립되고, 이어 두구동교회(1906, 소실됨), 기장교회(1906), 대연교회(1907), 초읍교회(1909), 사상교회(1909), 상애원교회(감만동, 1910) 등이 설립된다.[10] 또 수영교회(1919), 부전교회(1932), 남부민정교회(현 항남교회, 1936), 해운대교회(1937) 등이 설립된다.

1940년 당시 부산 지역의 장로교회는 23개 처였고, 다른 교파 교회로는 부산성공회(대청동, 1903), 수정동성결교회(1918. 4), 온천중앙성결교회(1918. 9) 그리고 구세군부산중앙교회(1935) 등 몇 되지 않았다.

1945년 해방 당시 부산지역 인구는 28만 정도였고 30-35개의 교회가 있었다. 해방이 되자 여러 교회가 설립되는데, 은혜교회(현 새부산진교회, 1946), 성산교회(1947), 성경교회(현 충일교회, 1948), 거제교회(1948), 거성교회(1948), 온천교회

---

9) 1904년 엄궁교회와 하단교회가 설립되었고 하지만 이를 확증할 수 있 다른 기록은 없다.

10) 조선총독부 자료에 의하면, 1911년 2월 당시 부산과 경남지방에는 장로교의 경우, 103개 처의 교회당, 20명의 선교사, 133명의 전도사 혹은 조사, 10개의 부속학교, 9,293명의 신도가 있었고, 구세군의 경우, 2개의 교회당, 2명의 전도사, 46명의 신도가 있었다고 한다. 田口春二郎編, 『最新朝鮮一般』(朝鮮總督府警務總監府), 309-11.

(1948), 항도교회(1948), 복음교회(현 신평로교회, 1949), 부민교회(1949), 부산남교회(1949), 제2영도교회(1949), 제3영도교회(1949), 서문교회(1950) 등이다.

해방과 함께 일본인들이 사용하던 교회당을 접수하여 시작된 교회도 있었다. 그것이 광복교회(1945. 11)와 부산중앙교회(1945. 12)였다. 일제 통치기 부산에서 일본인 교회가 가장 많았을 때는 7개 교회가 있었는데, 해방 당시 대표적인 두 일본인 교회가 광복교회와 부산중앙교회로 개편되었다. 1904년 2월, 중구 보수동에 일본인을 위한 교회가 아키모토 시게오(秋元茂雄) 목사에 의해 설립되었는데, 처음에는 10명 미만의 소규모교회였으나 점차 교인수가 증가하여 1910년 11월에는 그 자리에 자체 교회당을 건축했다. 해방 후 윤인구 목사가 이 교회당을 인수하여 광복교회로 출발했다.[11] 이운형 목사가 이 교회당을 인수하여 1945년 11월 광복교회로 출발했다는 주장도 있다.[12] 그런데 일본인이 건축했던 광복교회당은 전쟁 중 소실되었다.[13]

또 1913년 4월에는 일본인 나가야마(中山忠怒) 목사에 의해 일본 감리교회가 세워졌는데, 1920년 5월에는 부산 대청정 2

---

11) 방덕수 편, 『윤인구, 그 참다운 삶과 정신』(1988), 20.
12) 이인숙 편, 『백광일기』(장로교출판사, 2006), 175.
13) また´釜山教会の場合´韓国の教会（光復教会－宝水洞）にお讓りした礼拜堂は´残念ながら戦時火事で消失してしまいました゜전쟁 전의 일본기독교회(日本基督教会) 부산교회에서 세례를 받은 유키 히대오(幸日出男) 씨가 2010년 11월 18일자로 필자에게 보낸 편지에서.

정목 25번지의 의사의 집을 매입하여 예배처로 사용하였다. 1932년 9월에는 이곳(대청동 2가 25번지)에 교회당이 신축했다. 해방 당시 담임 목사는 에노모도(榎本泰治) 목사였는데, 그가 부산을 떠나게 되자 일본에서 귀국한 노진현(盧震鉉) 목사가 이 건물을 인수받아 1945년 12월 2일 시작한 교회가 부산중앙교회가 되었다.

그래서 해방 후 부산에는 여러 교회가 신설되는데, 1949년에는 장로교회만 31개 교회가 있었던 것으로 파악된다.[14] 이중 19개 교회는 부산부[15]에, 12개 교회는 동래부에 소재하고 있었다.[16] 해방 이전까지 부산지방 교회는 교파적으로 볼 때 장로교 중심이었고, 해방 이전 부산에는 성공회1, 구세군2, 성결교회 2개 처뿐이었다. 그러다가 해방 이후 부산에도 장로교 아닌 타 종파 교회가 설립되기 시작한다. 예컨대, 성결교의 경우, 동광성결교회(1945. 12)와 영도성결교회(1951. 11)가 설립된다.

---

14) 기독청년면려회 경남연합회 편, '경남노회 소속 교회명부' (1949. 6).
15) 부산부의 19개 교회명단은, 부산진교회(좌천동), 초량교회(초량), 항서교회(미용동), 영도(제일)교회(영도 영선동), 항남교회(남부민동), 중앙교회(대청동), 광복교회(보수동), 항도교회(곡동), 부전교회(부전동), 초읍교회(초읍동), 양노원교회(초량), 대연교회(대연동), 감천교회(감천동), 다대교회(다대동), 하단교회(하단동), 수영교회(수영), 해운대교회(해운대), 동래읍(수안동), 상애원교회(용호동) 등이다.
16) 동래부에 속한 12개 처 교회는, 구포교회(구포읍), 금성교회(구포읍), 사상교회(사상면), 기장읍교회, 송정교회, 월전교회(이상 기장), 좌천교회, 내덕교회 신평교회(이상 일광), 평전교회(정관), 장전교회(철마), 두구교회(북면) 등이다.

33

감리교의 경우, 1948년 7월 부산제일(감리)교회가 설립되는데, 이 교회가 부산지방 최초의 감리교회였다. 이 교회는 1949년 4월 부산 서구 동대신동 1가 49번지의 적산 가옥을 매입하여 예배처소로 사용했다. 이어서 부암감리교회(1951.1), 해운대감리교회(1951.1), 수정교회(현 성일교회), 대교교회(1951.3), 시온중앙교회(1951. 9), 보수교회(1952. 1), 영도중앙교회, 온천교회 등의 감리교회가 설립된다.[17]

1950년 말에는 부산의 장로교회는 41개 처에 지나지 않았고,[18] 목사 10명, 전도사 23명으로 교역자는 33명으로 보고되어 있다. 다른 교파의 교회는 10여 개 정도에 불과했으므로 부

---

17) 기독교대한감리회 삼남연회 편, 『삼남연회 40년사』(기독교대한감리회 삼남연회, 2022), 108.

18) 기독청년면려회 경남연합회가 펴낸 "대한예수교장로회 경남노회 교회 및 교역자명부(1951. 4)에 의하면 1951년 4월 당시 부산지역의 장로교회는 41개 처였다고 한다. 그 명단은 아래와 같다(괄호안은 지역과 교역자임). 부산진교회, 초량교회(초량동, 구영기), 성산교회(좌천동, 김승곤), 남교회(광복동, 한명동), 제1영도교회(영도, 박손혁), 제2영도교회(영도, 김영진), 제3영도교회(영도, 박상순), 항서교회(김길창), 항남교회, 항도교회(초장동, 송상석), 서부(동대신동, 손의원), 대신동교회(대신동, 홍반식), 서대신동교회(대신동, 정규창), 완월동교회(완월동, 김현중), 중앙교회(중앙동, 노진현), 광복교회(광복동), 부민교회(부민동, 오종덕), 아미동교회(아미동, 최대연), 성경교회(충무동, 김신욱), 은혜교회(좌천동, 박병호), 대연교회(대연동), 우암교회(우암동, 강수룡), 성진교회(범일동, 정해동), 거제교회(거제동), 서면교회(서면), 초읍교회(초읍동), 감천교회(감천동, 윤상두), 다대교회(다대동, 배근호), 하단교회(화단동, 민영석), 수영교회(수영동, 서영수), 해운대교회(감장원), 동래읍교회(수안동). 온천교회(온천동, 이경석), 송도교회(암남동, 진열&), 제4영도(청학동, 이달용), 양노원교회(온천동, 한형세)는 36개교회가 있었다. 지금은 부산시에 편입되어 잇지만 당시 동래군에 속한 교회로 현재 부산으로 간주되는 지역의 교회로는 금성교회(구포), 구포읍교회(구포), 사상교회(사상), 엄궁교회(사상, 지수만), 두구교회(북면) 등 5개 처가 있었다. 장로교회 외의 교회로는 구세군, 감리교, 성공회, 그리고 성결교회가 있었으나 불과 몇 교회에 지나지 않았다. 이상규, "부산지방 기독교 전래와 발전," 「한국기독신문」, 267호, 10면 참고.

산지방의 교회는 50개 정도에 불과했다. 이는 1950년 말 통계라고 하지만 6.25 전쟁 발발 당시 부산의 교회수로 볼 수 있다.

　그러나 전쟁 기간 중 부산의 교회수는 급증하게 된다.[19] 기존교회로부터의 개척(설립)도 없지 않았으나 교회분규나 내분, 특히 고려신학측(현 고신총회)을 따르는 신앙노선 문제로 기존 교회로부터 분리된 경우도 적지 않았다.[20] 전쟁기 설립된 다수의 교회는 월남한 피난민들이 세운 피난민교회였다. 6.25 전쟁 전후 부산지방으로 월남 피난민들이 유입하게 되자 피난민들은 두고 온 북한 지역의 교회를 부산에 재건하는데, 약 50여개 처로 파악된다. 이중 장로교계가 40여개 처에 달한다. 이들 장로교계 피난민 교회를 설립 년 중심으로 정리하면 아래와 같다.

　북성교회(현 대성교회, 1950. 2), 성도교회(1950. 12), 구덕교회(1951), 영락교회(1951. 1. 7), 서북교회(1951. 2), 철산교회(현 산성교회, 1951.3), 선천교회(현 산성교회, 1951.3), 우암교회(1951.3), 영도교회(1951), 평광교회(1951. 6), 수정동교회(1951. 7), 평북교회(현 산성교회, 1951. 8), 평동교회(1951), 남성교회(1951. 10), 산정현교회(1951.10), 평양교회(1951.6.10, 평광교회와 대청교회로

---

19) 이 점에 대한 자료는 이종민, 『6.25전쟁기 부산지역 기독교의 공존과 갈등, 1950-1953』 (한국기독교역사연구소, 2023) 81쪽 이하를 보라.
20) 이런 경우 대표적인 교회가 부산진교회로부터 1947년 7월 분리된 성산교회(성산교회에서 다시 고신측은 성서교회로 분리된다), 성진교회(북성교회)로부터 분리된 부산북교회(1963. 10) 등이다.

분리된다), 모라교회(1951), 양정중앙교회(1951), 연산제일교회(1951), 원산제일교회(현 성덕교회, 1951. 12), 서북교회(현 동광교회, 1952.1. 6), 거양교회(1952. 1), 한양교회(1952. 3. 2. 이 교회에서 그해 6월 남부민교회가 분리되었으나 1973년 은성교회라는 이름으로 통합되었다), 삼성교회(1952), 영도중앙교회(1952), 부산서교회(1952. 4. 27), 감만교회(1952. 6), 신암교회(1952. 10), 양정교회(1953. 7), 영주교회(1953. 8), 명신교회(1954. 5) 등이다.

그리고 감리교회로는, 원산지역 피난민 중심의 부산제2교회(충무로교회), 해주 출신 교인들로 구성된 일신교회, 평양 출신 중심의 시온중앙교회, 그리고 서울아현교회 성도들 중심의 보수교회 등이 설립되었다.[21] 이렇게 되어 1953년 당시 부산에는 160여개의 교회가 있었다.[22] 때로부터 10년 지난 1965년 당시 부산에는 300여 교회가 있었고,[23] 1991년 당시에는 920-950개 교회가 있었다.[24] 2020년 현재 부산에는 1800-1850여개의 교회가 있는 것으로 파악된다.

---

21) 기독교대한감리회 삼남연회 편, 『삼남연회 40년사』, 108-114.
22) 전쟁 중이던 1952년 3월 부산을 방문한 호주빅토리아장로교 해외선교부 총무였던 조지 앤더슨(안다손, George Anderson)은 당시 부산에는 156개 교회가 있다고 보고했다. 양명득, 『호주선교사열전』 (부산, 서울), 267.
23) 대한예수교전국평신도회 경남연합회가 펴낸 『부산기독교명감』 (1965)에 수록된 기독교회는 (22개의 천주교 성당을 포함하여) 290개 교회인데(10쪽), 등록되지 않거나 수록되지 않는 교회가지 고려하면 300여개 처 정도로 산정할 수 있다.
24) 교회복음신문사, 『부산기독교 총람』 (교회복음신문사, 1992), 23-26의 교회목록을 종합하면 920개교회, 이 총람에 등록되지 않는 교회까지 고려하면 950여개 교회였을 것으로 파악된다.

2. 부산의 기독교계

1) 한경직의 남하와 부산영락교회

1945년 12월 설립된 서울의 영락교회는 한국교회를 대표하는 교회였다. 영락교회는 우리나라 최초의 대형교회였고 외국의 교회 지도자들이 내한하면 영락교회에서 예배드리거나 설교하고 인사하는 것을 자랑으로 여겼다. 1950년 전쟁이 일어났을 당시 영락교회는 성인 출석교인은 750명, 각종 교회학교 인원을 포함하면 2천6백 명의 교회로 성장했다.[25] 그해 5월에는 아름다운 석조예배당을 건축하고 6월 4일 입당예배를 드렸다. 그런데 불과 한 달이 못되어 전쟁이 시작되었고, 6월 25일 주일 예배를 드린 후 새 예배당을 뒤로하고 피난을 떠나게 된 것이다. 전쟁 직후 한경직 목사가 중심이 되

---

25) 1950년 6월 25일 자 영락교회 주보에는 전주일(6월 18일) 통계가 기제 되어 있는데, 성인 출석 남 378, 여 363, 곧 741명이었고 각종 주일학교 남 1200, 여 1400, 총 2600명으로 집계되어 있다. 「만남」 557(2020.6) 표지.

어 '대한기독교구제회'를 결성했으나 전쟁 3일 만에 서울이 적의 수중에 들어가게 되자 구제회는 활동을 시작도 못했다. 무엇보다 새로 지은 석조 교회당을 뒤로 하고 서울을 떠날 때 교인들은 기도와 눈물로 건축한 예배당의 안위를 걱정했다. 간신히 서울을 빠져 나온 한경직 목사는 대전으로 피난을 갔다. 7월 3일에는 피난 온 여러 목회자들이 대전제일교회에서 회합하고 '대한기독교구국회'를 조직했다. 목회자가 앞장 서 나라를 구해야한다는 취지에서 결성한 조직이었다. 한경 직은 회장으로 추대되었고, 첫 행사는 시국강연회였다. 조직 의 이름처럼 한경직은 구국을 위한 선봉에 서야한다는 취지 의 강연을 하게 된 것이다. 구제사역을 통한 전도도 기독교구 국회의 중요한 사업이었다. 그러나 전세는 이런 사업을 수행 하기 어렵게 만들어 다시 남하하여 대구로 피난했다. 대구 YMCA 사무실이 구국회의 본거지가 됐다. 그러나 계속 북한 군에 밀려 다시 부산까지 피난하지 않으면 안 되었다. 이때 한경직 목사도 부산으로 내려왔다. 이런 연유로 1950년 8월 말과 9월 초 부산중앙교회에서 개최된 회개집회에 강사로 서 게 된 것이다.

그간 국군은 수세에 몰려 고전하고 낙동강 전선까지 내려 왔으나 맥아더 장군의 인천상륙작전으로 1950년 9월 28일 서울을 수복했을 때 흩어진 영락교인들은 다시 서울로 모여 들었다. 이때 한경직 목사도 서울로 돌아갔다. 그런데 서울을 수복한 이후 국군과 유엔군은 북진하여 10월 1일에는 38선을 넘고, 19일에는 평양을 탈환하였다. 이때 한경직은 윤하영, 이인식, 김양선 등 이북 출신 목회자들과 같이 평양으로 가 10월 29일 주일 오후 2시 서문밖교회에서 집회를 열었다. 감사와 감격의 예배였고 많은 신자들이 모여들었다. 이날 김영준 목사의 인도로 한경직 목사는 이사야 60장 1절을 본문으로 "일어나 빛을 발하라"는 감격적인 설교를 했다. 이날 회중이 힘차게 불렀던 찬송이 마틴 루터가 1529년 작사 작곡한 "내주는 강한 성이요, 방패와 병기되시니"였다.

감격적인 승전도 잠시. 국군과 유엔군은 압록강까지 진출했으나 중공군의 개입으로 다시 밀려 남하하기 시작했다. 이른바 1.4후퇴였다. 그해 겨울은 유난히 추웠다. 이때 영락교회 교인들도 피난길에 올라 대구로, 부산으로 그리고 제주도로 흩어졌다. 대구에 정착한 이들이 대구영락교회를, 부산에 정착한 이들이 부산영락교회를, 제주도로 간 이들은 제주영락교회를 설립하게 된다.

그런데 1.4후퇴로 부산으로 온 영락교회 출신 30여명의 성도들은 부산에 도착한 첫 주일인 1951년 1월 7일 생활의 터전도 정비되지 못했으나 광복동 1가 7번지의 고려신학교 교사에 함께 모여 한경직 강신명 목사와 같이 예배를 드렸다. 이것이 부산영락교회의 시작이었다. 이때 "피난 중에는 영락교회 당회를 부산에 둔다."고 결의하고, 14일 주일부터는 대청동 새들원(고아원, 지금의 새들맨션 자리) 강당에 모여 예배드리기로 했다. 성도들은 주일마다 늘어나고 공간은 협소했다. 천막을 치고 예배공간을 확장했으나 근원적인 해결이 되지 못했다. 이런 중에 약 두 달이 지난 3월 한경직 목사는 미국을 방문하게 되었고, 전화에 지친 한국을 어떻게 도울 것인가를 설교하며 여러 지역을 순회하며 5개월간 체류했다. 이 기간 동안 강신명 목사가 대구와 부산을 오고가며 교회를 돌보았다. 그러다가 그가 유학차 미국으로 떠나게 되자 1951년 7월에는 이응화 목사가 부임했다. 피난민들은 계속 늘어났고 부산영락교회도 수적으로 성장했다. 서울로 돌아갈 수 없으나 두고 온 석조 예배당을 사모하는 성도들은 부산에서도 예배당을 건축하기로 하고, 부산 서구 부민 1가 22번지(지금의 영락교회 자리)의 180평의 대지를 매입했다. 이런 와중에서 전황이 호전되고 서울을 되찾게 되자 다수 성도들이 서울로 돌아갔다. 그러나 남은 성도들은 피난의 고통 가운데서도 눈물어린 헌금을 하고 힘을 쏟아 1953년 6월 105평의 단층 석조 예배당을 준공하였다. 휴전 한 달 전의 일이었다. 7월에는 입당하였다. 전쟁 와중에서 믿음으로 이룬 결실이었다.

2) 다비다 모자원의 개원

한경직(1902-2000) 목사는 목회와 구제 혹은 목회와 사회사업, 두 가지 영역에서 헌신한 인물이었다. 1902년 평안남도

평원(平原) 출신인 그는 오산학교(1919), 평양 숭실대학(1925)을 거쳐 미국으로 가 엠포리아 대학(1926)을 거쳐 프린스톤신학교(1929)를 졸업하고 귀국하여 1932년 평양숭인학교 교사 겸 숭실전문에서 강사로 일하던 중 1933년 신의주 제2교회 전도사로 부임하였다. 이듬해 의산노회에서 목사 안수를 받고 목회자로서의 삶을 시작했다. 그런데 1939년에는 고아나 버려진 아이들을 위해 보린원(保隣園)이라는 사회복지시설을 설립하였다. 처음부터 이런 시설을 생각한 것은 아니었으나 도움이 절실히 필요한 김복순 이라는 8살의 장애 아이를 돌봐야 했기에 고아원을 설립하게 된것이다. 보린이란 이름 그대로 이웃(隣)을 보살핀다(保)는 뜻이다. 이것이 그의 첫 번째 사회 복지 사업이었다. 해방 후 북한에서 기독교 정당을 창당하는 등 건국운동에 참여하려 했으나 공산정권의 탄압에서 신앙생활조차 어렵다고 판단한 그는 1945년 10월 월남하여 서울에 정착했다. 12월 2일에는 베다니교회를 설립했는데 지금의 영락교회의 시작이었다. 곧 그는 신의주에 두고 온 보린원을 잊지 못해 서울 충무로에서 10여명의 고아들을 모아 다시 보린원을 시작하였다. 한경직 목사는 학교를 설립하거나 북한의 숭실대학을 서울에 재건하는 등 여러 선한 사업에 관여하였으나 그는 두 가지 일, 곧 복음전도와 구제에 온 힘을 쏟았다. 그는 복음과 빵을 동시에 제공하고자 했다.

해방 당시 서울의 대표적인 목회자는 한경직과 김치선(金致

善, 1899-1968)이었다. 한경직은 한손에는 복음을 다른 손에
는 빵을 들고 일했으나, 김치선은 오직 복음만을 외치며 300
만구령운동을 시작했다. 이것이 해방 후 첫 민족복음화 운동
이었다. 해방 후 1949년 밥 피어스(Bob Pierce, 1914-1978) 목
사가 내한하여 한경직과 김치선 두 사람과 접촉하고, 9월에
는 김치선의 남대문교회에서 집회하기도 했으나 피어스 목사
가 한경직과 협력하게 된 것은 한경직은 두 가지 일에 관심을
표명했기 때문이었다. 그래서 한경직과 피어스는 공동으로
한국선명회라는 단체를 설립하게 된다.

　　그런데 한경직은 피어스와 협력하면서 여러 사회 복지기관
설립에 관여하였는데, 그 중 하나가 '다비다 모자원'의 설립
이었다. 이 모자원이 서울에서 시작된 것으로 아는 데 사실은
전란 중인 1951년 부산에서 시작되었다.

　　전쟁이 발발하자 서울을 사수하고자 했던 한경직 목사는 피
란길에 올라 수원, 대전, 대구를 거쳐 부산으로 왔다.

　　그런데 한경직은 1951년 부산에서 피난해 온 영락교회 교인
들을 중심으로 1월 7일 광복동의 고려신학교 강당에서 30여
명이 모여 부산영락교회를 설립했다. 14일 주일에는 대청동
의 고아원인 '새들원' 강당에서 모이면서 교인수는 점점 증
가해 갔다. 이런 와중에서 서울의 보린원도 부산으로 옮겨 부
산을 본원으로 하고 제주도에는 분원을 두기로 했고, 특히 새
로운 사회복지 시설을 설립했는데 그것이 '다비다 모자원'이

었다. 전란을 피해 부산으로 온 전쟁미망인과 그 자녀들을 보호하기 위한 시설이었다. 이를 위해 이사회를 구성했는데, 한경직 목사를 이사장으로, 이사로는 고한규 백영엽 원석화 이경화 이순경 이응화 정용태 최중해였고, 감사는 김행경 윤치호였다. 이 다비다 모자원이 시작된 곳이 지금의 서대신동 구덕교회에서 구덕산쪽으로 약간 올라가 비탈진 곳이었다. 이 모자원은 22명의 전쟁 미망인과 82명의 고아들을 데리고 시작되었는데,[26] 이 사역을 지원해 준 이가 피어스(Bob Pierce) 목사였다. 모자원의 대지는 부산시에서 제공하고, 천막은 군대에서 제공해 주었다. 그 외의 필요한 경비는 피어스 목사가 제공했는데, 미화 700백 달러를 후원해 주었다.[27] '다비다 모자원'의 다비다는 사도행전 9장 36절에서 언급된 "선행과 구제하는 일에 힘썼던" 인물의 이름이다. 다비다는 아람어식 이름인데 이를 히브리어로 말하면 도르가인데, 이름의 뜻은 '눈이 아름다운 양(羊)'이란 뜻이다. 이 모자원에서 처음으로 보호받은 여성이 30세의 백옥현과 어린 4딸이었다. 백옥현의 남편 김창화(1915-1950) 집사는 평북 의주출신으로 선천의 신성중학교, 평양사법에서 수학하고 교사로 일하던 중 1946년 3월 월남했고, 서울사도부속중학교 수학교사로 일하던 중 6.25 전쟁 발발 후 서울에서 인인재판 끝에 총살당한 진

26) 이상규 외, 『한경직 목사와 한국교회』, 316
27) 민경배, 『월드비전 한국 50년 운동사』(월드비전, 2001), 156.

실된 믿음의 사람이었다. 29세에 남편을 잃은 부인은 부산으로 피난 와 다비다 모자원에서 보호받게 된 것이다.

3) 원한경 박사의 순직

원한경(H. H. Underwood, 1890-1951)은 언더우드 가의 제2대 선교사였다. 초대 언더우드(H. G. Underwood)는 원두우(元杜宇)라는 한국이름으로 널리 알려져 있는데, 1885년 4월 5일 내한하여 31년간 조선을 위해 봉사하고, 예기치 못한 발진티푸스의 악화로 미국으로 돌아가 1916년 10월 12일, 57세를 일기로 뉴 저지주 에틀랜틱시에서 하나님의 부름을 받았다. 그로부터 83년이 지난 1999년 7월 그의 유해는 서울 마포구 합정동의 외국인묘지로 이장되었다.

원두우 선교사의 독자가 원한경인데, 1890년 9월 22일 서울 정동에서 출생했다. 한국에서 중등학교 과정을 이수한 그는 16세가 되던 해 한국을 떠나 프랑스, 스위스 등지에서 1년간 수학하고 미국으로 가 아버지가 공부한 뉴욕대학에서 심리학과 교육학을 공부했다. 대학을 졸업할 무렵 아버지에 이어 자신도 선교사의 길을 다짐하고 22세가 되던 1912년 9월 북장로교 해외선교부의 파송을 받아 내한하였다. 처음에는 경신학교에서 영어와 역사를 가르쳤으나, 연희전문학교가 개교하는 1915년부터 연희전문학교에서 가르쳤다. 1916년 부친 사망 시 미국으로 가 교육학을 더 공부하고 1917년 내한한 그는 연희전문학교 전임교수로 영어 철학 교육학 심리학 등을 가르쳤고, 1917년에는 우리나라 최초로 사회학을 강의하기 시작했다. 후에는 연희전문학교의 행정과 운영을 맡기도 했고, 1934년 10월부터는 이 학교 3대 교장으로 봉사했다. 1923년에는 미국으로 가 뉴욕대학교에서 석사학위를(1924.6) 받았고, 이어 1925년 6월에는 Modern Education in Korea 라는 논문으로 박사학위(PhD)를 받았다. 후에 일제의 압력으로 교장직에서 물러나고, 10일 간 구류처분을 받기도 했고, 가택연금을 당하기도 했는데 결국 강제 추방되었다.

해방을 맞게 되자 1945년 9월 미육군성 관할 하의 한국어 통역관으로 임명받아 다시 내한하였고, 곧 미군정장관 아놀드(Archibald V. Arnold, 1889-1973) 중장의 통역 및 고문으로 임명되었다. 1946년 8월에는 연희대학 명예총장으로 추대되었고, 1947년에는 미군정청 교육부장관 고문으로 임명되었으나 7개월 후에는 군정 업무를 마감하고 연희대학으로 복귀했다. 그의 주된 업무는 연희대학의 복구와 확장 그리고 재정 동원 및 대외 관계였다. 당시 총장이 백낙준 박사였다.

얼마 후 불행한 일을 겪게 되는데 1949년 3월 17일 그의 아내 에델 반 와그너(Ethel van Wagoner, 1888-1949)는 다섯 명의 좌익청년들에 의해 피살된다. 슬하에 4남2녀를 두었는데, 장남이 원일한 박사였다. 새문안교회에서 장례식을 치렀는데, 교회 찬양대 지휘자 이창식 교수의 지휘로 '만세반석 열리니'를 부르고 이어 '할렐루야'를 노랬는데, 장례식에서 할렐루야를 부른 경우는 이 때가 한국에서 처음이었다고 한다.[28] 부인을 양화진 외국인 묘지에 안장했다. 원한경은 1949년 5월 미국으로 돌아갔는데, 부인의 죽음을 심각하게 여겼고 이때부터 건강이 급격하게 악화되기 시작했다. 이런상황에서 6.25 동란이 발발했다. 미국에서 전쟁 소식을 들은 그는 한국의 상황을 설명하는 『한국의 비극과 믿음 *Tragedy and Faith in Korea*』이라는 소책자를 썼다. 그리고 한국을 지원해 주도록 백방으로 노력했다. 그가 말하는 '비극'이란 6.25전쟁을 의미했고, 그가 말한 '믿음'이란 전쟁의 아픔에도 불구하고 믿음으로 극복할 것이라는 확신의 표현이었다.

1950년 10월에는 다시 한국으로 돌아와 '미국심리전 G-2'의 민간고문자격으로 일했다. 이 때 중공군의 개입으로 전세가 불리하게 전개되고 있었고 그에게 부산으로 피난을 권했다. 그래서 원한경은 1951년 1월 부산으로 와 동래(東萊)에 머물게 되었다. 그의 장남 원일한은 부산에 있는 해군 본부에서 일하고 있었고, 막내 원득한은 미육군 소위로 부산에 주둔하고 있었다. 부산 동래에서 때로 뒷산 금정산을 오르기도 했으나 심장병이 늘 그를 괴롭혔다. 심장마비가 오는 일도 있었는데, 1951년 2월 20일은 치명적이었다. 결국 원한경 박사는 그날 오후 7시 45분, 61세의 나이로 부산에서 사망했다. 1934

---

28) 원일한, 『한국전쟁 혁명, 그리고 평화』(연세대학교 출판부, 2002), 149.

년 '조선의 선박'(Korean Boats and Ships)이라는 논문을 발표한 바 있는 그는 사망 직전 까지 이순신에 대한 전기를 집필 중이었다고 한다. 동아일보는 이렇게 보도했다.

"일생을 우리나라 교육계와 종교계에 바쳤을 뿐만 아니라 한국에서 태어나 한국을 위하여 음으로 양으로 많은 공헌을 한 문화계의 대은인인 연희대학 명예총장 원한경 박사는 20일 하오 7시 40분 산동여관에서 61세를 일기로 심장마비로 서거하였다. 특히 박사는 한국을 제 2의 고향이라고 늘 말해 왔으며 한국을 이해하기가 한국인 이상이었다."

그의 장례식은 2월 26일 오후 2시 부산역전의 미국인교회(Base Chapel, 전 부산시 공회당)에서 사회장으로 거행되었는데, 이승만 대통령과 정부 요인들, 미8군 사령관과 유엔군 장교들, 미국대사와 해외 공관장들, 한국교회 대표들이 참석했다. 장례식은 헨리 아펜셀라의 사회로 거행되었고, 공무로 제주도에서 비보를 듣고 달려온 백낙준 박사가 영결사를 했다. 전쟁 중이라 원한경 박사는 부산 대연동의 유엔 묘지에 묻혔다. 그러다가 전쟁이 끝난 후 1956년 양화진 외국인 묘지로 이장되었다.

4) 부산 교계의 기도운동

6.25전쟁 기간 중 부산에서 시작된 두 가지 사역은 회개와

자숙을 포함한 거 교회적 구국기도회였고, 다른 한 가지는 대한민국을 공산지배로부터 보호하며 전쟁의 승리와 통일을 이룰 수 있도록 후원하는 구국운동이었다. 또 이 시기 시작된 군목 활동은 그 이후의 한국교회 성장에 상당한 영향을 주었다. 이런 점에 대해 차례로 소개하고자 한다.

6.25 전쟁이 발발하자 피난지 부산에서 거 교회적 기도운동 그리고 회개운동이 일어났다. 수도 서울을 적에게 빼앗긴 후 후퇴를 거듭하여, 대전(1950. 6. 27), 대구(7. 16)를 거쳐 8월 18일부터 부산이 임시 수도가 되었다. 대구와 경상남도의 일부지역을 제외한 전 국토가 공산당의 수중에 들어가자 부산에는 각처로부터의 피난민이 몰려들어 피난민들의 도시가 되었다. 1951년 8월 당시 정부가 집계한 피난민은 380만 명, 가옥과 재산을 잃은 전재민은 402만 명으로 파악하고 있었

초량교회에서의 회개 기도회

다.[29) 부산은 피난민들의 도피처였고 신자들에게는 이른바 '의의 피난처'였다.

그런데 부산의 초량교회와 중앙교회에서 기도회가 개최되고 회개운동이 전개되었다. 한상동 목사가 시무하던 초량교회에는 한상동 목사와 친분 있는 목회자들이나 성도들, 그리고 해방 후 교회 쇄신운동을 지지하던 이들이 주로 회집했고, 부산중앙교회에는 한경직 목사를 비롯한 그 외의 장로교 감리교 성결교 목회자들이 중심을 이루고 있었다. 이런 전란의 와중에서 회개와 자성이 일어났고 자연스럽게 기도회 혹은 구국기도회가 개최되었다. 이때는 서울이 함락된 후 인민군이 파죽지세로 남하하여 부산과 그 인근지역만이 적의 수중에 놓이지 않았던 위난한 때였다.

이때의 기도회를 '회개기도회', '회개운동' 혹은 '구국기도회'라고 말하지만 따지고 보면 두 가지 형태였다. 첫째는 목회자만이 아니라 각처에서 피난 해 온 성도들, 그리고 피난 교역자들이 포함된 회개집회였고, 다른 한 가지는 이름 그대로 전란(戰亂)에서 나라를 구해 달라는 '구국기도회'였다. 전자의 중심지역이 초량교회였고, 후자의 중심교회가 부산중앙교회였다. 물론 이 두 기도운동을 구분하기 어려운 점이 없지 않다. 회개기도회에서 위기에 처한 국가를 위한 기도가 제외될 수 없었고, 구국기도회에서도 회개와 성령의 역사가 있었

---

29) 한국기독교역사연구소, 『한국기독교의 역사3』, 63.

부산중앙교회에서의 구국기도회 후

기 때문이다. 양성봉(梁聖奉) 경남도지사가 부산 초량교회 장로였으므로 초량교회에는 많은 신자들이 모여들었고 이곳을 중심으로 나라를 위해 기도하는 운동이 일어났다. 기도회는 1950년 8월 말 시작되었는데, 집회시간은 일주일로 하되 새벽기도, 낮 성경공부, 저녁 집회방식으로 진행되었다. 김치선, 박윤선, 박형룡, 한상동 목사가 강사였다. 오종덕 이학인 목사 등도 설교자로 동참했다. 이 집회의 모든 경비는 밥 피어스(Bob Pierce, 1914-1978) 목사가 부담했다.[30]

이 비상기도회에서 특히 박윤선 목사가 일제하에서의 신사참배 강요와 이에 대한 저항의 과정을 설명하자 신사참배에 대한 회개와 해방 후의 교회 분열과 대립, 그리고 신자답게

---

30) 미래한국신문 편집국, 『한국역사를 움직인 기도』(서울: 언약, 2007), 119.

살지 못한 일에 대한 회개와 통회기도가 시작되었다. 이때의 일에 대하여 박윤선은 다음과 같이 증언하고 있다.

"이날 새벽기도회 담당이었던 나는 설교도중 한부선 선교사의 신사참배 반대투쟁에 대해, 즉 그가 총회석상에서, 만주에서, 옥중에서 목숨을 아끼지 않고 싸운 사실을 증거 하였다. 그 시간에 나는 한부선 선교사에게 직접 들었던 말을 거의 그대로 소개하였다."

이 때 강력한 회개의 역사가 나타났다고 한다.

"그 자리에 참석했던 교역자들이 한 사람씩 한 사람씩 회개하는 기도로 이어져서 그 집회 분위기는 더욱 뜨거워졌다. 이때에 성령의 도우심으로 설교하는 나 자신부터 내 죄를 회개하면서 증거 하게 되었으니 감사한 일이었다. 즉 나도 단한번이지만 신사참배를 한 범과가 있으므로 나는 언제나 이 일로 인하여 원통함을 금할 수 없었는데, 이때에 그 죄를 회중 앞에 공적으로 고백하였던 것이다." [31]

원래 기도회는 1주일간 예정되어 있었으나 참석자들은 집회의 연장을 원했다. 그래서 집회는 일주일 연장되었다. 이때는 부산만이 아니라 울산과 온산 지방 교역자들도 합류한 가

---

31) 박윤선, 106, 박윤선은 하나님은 회개, 회개운동을 기뻐하신다는 점을 말하기 위해 이때의 회개를 사례로 소개하고 있는데 [박윤선, "우리가 서 있는 역사적 입장," 「파수군」 55(1956. 9), 9-15], 그 내용은 자신의 자전 기록인 『성경과 나의 생애』, 102-106의 기록과 거의 동일하다.

운데 계속되었다.[32] 부산중앙교회에서의 기도회 또한 비슷한 시기에 진행되었고, 박형룡은 이곳에서도 강사로 활동했다.[33] 초량교회에서의 약 2주간에 걸친 기도회가 끝나는 9월 17일 이른아침 신문 호외가 배포되었는데, 인천 상륙작전 성공을 알리는 호외였다. 그래서 기도회에 참석했던 이들은 성공률 5천분의 1이라는 인천상륙작전이 성공한 것은 성도들의 간절한 기도의 결과라고 믿었다.

1.4 후퇴 이후에도 부산에서는 기도운동이 일어났고, 초량교회에서의 나라를 위한 기도회는 수일간 계속되었다. 1951년 4월 마지막 주일에는 이승만 대통령이 초량교회 주일 예배에 참석하여 위기에 처한 나라를 위해 기독교인이 기도해 줄 것을 부탁했다.

5) 부산 교계의 구국운동

전쟁이 일어나자 기독교회가 중심이 되어 구호 혹은 구제 사업을 기획했고 나라를 위한 구국 운동이 전개되었는데 그 첫 조직이 '대한기독교구제회'였다. 남침 소식을 들은 서울의 한경직 목사와 여러 교회 지도자들은 서울 종로의 예수교

---

32) 이때의 집회에 대해 김인서는 "부산초량교회 60년사"라는 글에서 "6,25 동란 중 3년간 피난동포를 부조(扶助)하는 중 2차에 걸쳐 수백명 교역자를 일당(一堂)에 소집하고 20여일 간 숙식을 지공(支供)하여 가면서 극난수양회를 열었습니다." 「신앙생활」 12/6 (1953), 29.
33) 박형룡은 초량교회와 부산 중앙교회에서 설교했고, 10월 8일에는 부산진교회에서 설교했다.

서회에 모여 피난민을 돕기 위한 목적으로 '대한기독교구제회'를 조직하게 된 것이다. 그러나 전쟁 3일 만에 서울이 적의 수중에 들어가게 되자 구체적인 사업을 시작하기도 전에 해산되고 말았다. 7월 3일에는 대전으로 피난 온 한경직, 김창근, 황치헌 목사 등이 대전 제일교회당에 회집하여 대한 '기독교구국회'를 조직하였다. 한경직 목사가 회장으로 추대되었다. 그러나 전세에 밀려 7월 17일에는 대구 기독교청년연합회(YMCA)에로, 9월 이후에는 부산으로 옮겨가 부산에 본부를 두고 대구와 대전 등 남한 30여 개 처에 지부를 조직하고 국방부와 사회부와 협력하면서 선무(宣撫), 구호, 방송, 의용대 모집 등을 실시하여 구국활동과 구제, 인보(隣保) 봉사활동을 전개하였다. 특히 3천 여 명에 달하는 기독교 의용대를 모집하여 전투에 참가게 한 일도 있었다.[34] 그런데 이들은 전투경험이 없었기 때문에 카츄사 부대와 육군 통신학교 등 특수 업무에 동참하게 배려하였다.

인천상륙작전으로 서울 수복이 이루어지고 3개월간 공산 치하에 있었던 서울이 해방을 맞았으나 중공군의 개입으로 다시 후퇴하게 되었다. 이른바 1.4후퇴였다. 서울의 교회는 다시 수난을 당하게 되었고 피난민은 남으로 향하여 부산으로 몰려들었다. 이런 상황에서 피난민구호대책이 시급했다.

---

34) 김양선, 『한국기독교 해방10년사』(대한예수교장로회총회 종교교육부, 1956) 79.

1951년 1월 9일 노진현 목사가 담임하고 있던 부산중앙교회당에서 모인 기독교 각 교파 지도자들은 '기독교연합전시대책위원회'를 결성했다. 한경직 목사는 회장으로, 류형기, 김창근, 황종률 목사는 부회장으로, 김양선 목사는 총무로 추대되었다. '기독교연합전시대책위원회'는 '대한예수교각교파연합 신도대회'를 계승한 조직으로 볼 수 있는데, 대한예수교각교파연합 신도대회는 1950년 12월 27일 유엔 사무총장, 미국의 투르만 대통령, 그리고 맥아더 사령관에게 메시지를 전달하고 "전쟁은 자유, 민주국가와 공산독재국가 간의 최후 결전의 전초전이므로 유엔군이 승리할 때까지 전진 무퇴할 것"을 요청하였고 이를 위해 기도하겠다고 내외에 천명하였다. 이때 발표된 메시지 전문은 다음과 같다.[35]

UN사무총장, 투르만 대통령, 맥아더 사령관에게 드리는 멧세지

한국기독교회의 백만 신도는 귀하와 귀하의 업무 위에 신의 능력과 그리스도의 지혜와 성령의 통달과 함께 하심을 기원합니다. 우리는 이 땅위에서 발발(勃發)되었고 또한 그 가열(苛烈)의 도를 날마다 더하고 있는 인류사상 유례가 없는 이 비참한 전쟁을 결코 비관하지는 않습니다. 도리어 이것은 세계 민주주의 자유 국가들과 공산 독제 국가들과의 양 진영

---

35) 김양선, 89-90.

사이에 필연적으로 일어날 최후 결전의 전초전이며, 오천년래의 약육강식의 역사철학은 바야흐로 그 종결을 고하고 '생명을 아끼는 자는 잃어버릴 것이요, 잃고자 하는 자는 얻으리라'는 그리스도의 정신이 시대정신으로 등장되고 있는 사실임을 그윽히 믿는 바입니다.

그러므로 우리들은 개전 이래 수백만 동포의 생명이 희생되었고, 반만년의 유서 깊은 사실을 담은 수없이 많은 민족문화제들이 전멸 당하였으나 장래(將來)할 위대한 희망 때문에 오히려 하나님께 찬송을 드리며 UN군의 숭고한 정신과 호담(豪膽)한 무용에 만공(滿空)의 사의를 표하는 바입니다.

우리 백만 신도가 깊이 믿고 또한 간곡히 요청하는 바는 다만 이 일사(一事)뿐입니다. 그것은 한국 땅위에서 일으킨 양 진영의 최후 대결을 UN군의 승리로 마칠 때까지 전진 무퇴하사이다. UN군이 한국전선에서 그 작전을 수행할 때마다 항시 정정당당히 그 작전을 공개한 것처럼 만일 이 민족이 공산괴뢰군에게 최후의 희생을 당해야만 될 어떤 이유가 있다면 사전에 그 이유를 명백히 알려주시기 바랍니다. 정당한 이유인 한 우리 백만 신도는 즐겨 민족의 선두에 서서 희생의 첫 열매가 될 것을 굳이 약속하는 바입니다.

1950년 12월 27일
대한예수교각교파연합신도대회

또 한경직 목사와 유형기 목사를 미국에 파견하여 한국의 현실을 알리는 한편 피난민 구호를 위한 여론을 형성하고 도움을 요청하였다. 이런 일련의 활동에서 주한 선교사들의 수고와 헌신이 지대하였다.

앞에서 언급했지만, 1951년 3월 38선 이남을 모두 탈환한 이후 38선을 사이에 두고 전쟁이 교착상태에 빠지자 내외로부터 휴전에 대한 요구가 대두되어 1951년 7월 10일 정전 협상이 개시되었다. 이 때 부산에서 '구국신도대회'를 개최하고, 한국기독교회는 정전을 반대하고 북진 통일을 이루어 줄 것을 호소하였다. 피난지 부산의 기독교회 지도자들이 중심이 되어 채택한 정전반대 결의문은 아래와 같다.[36]

정전반대 신도대회의 결의문

"우리는 조국의 완전 독립과 세계평화에 대한 신의 축복을 빌어 마지아니한다. 1950년 6월 25일 북한 공산세력 남침에 의하여 전토(全土)가 폐허화 되었고 수백만의 인명이 피살되었음은 비통한 사실이다. 앞으로 보다 더 가혹한 유혈을 강요하고 있는 차제에 개성에서 개최된 정전 회담에 대하여 전 세계는 비상한 관심을 집중하고 있다. 우리 한국의 백만 신도들은 속한 기일 내에 정전되어 평화의 봄이 오기를 절원(切願)하는 바이다. 그러나 원수의 38선이 강토를 분할하고 철의 흑막이 동족 강압을 계속할 우려가 있는 한 여하한 협정

---

36) 김양선, 140.

도 찬성할 수 없음이 우리의 결의임을 명백히 하는 바이다. 38선을 중심한 정전협정은 거(去) 6.25 사변 이상의 불법 침입을 계획할 수 있는 시간적 여유를 주는 것이며, 따라서 UN 의 오늘까지의 희생은 도로(徒勞)케 되며 태평양을 혈해(血海)로 화할 비극이 연출됨을 면치 못할 것이다. 우리는 신앙의 자유를 위하여 여하한 고통과 희생이 있다하더라도 공산세력을 국경선 외로 몰아내고 한국 남북통일의 완전독립을 지향하여 일로매진(一路邁進) 할 것을 굳게 결의하는 바이다.

주후 1951년 7월 12일

在釜山韓國信徒大會

기독교계는 정전 협정을 반대하고 완전한 통일을 이루어 달라는 호소였다. 이런 휴전협정 반대 입장은 교계의 변함없는 입장이었다. 1953년 6월 15일에는 구국신도대회 이름으로 '세계교회에 보내는 휴전반대 성명서'[37]와 '아이젠하워 대통령'에게 보내는 성명서[38]를 발표했다.

1953년 6월 14일에는 서울에서 약 2천명의 기독교인들이 참석한 가운데 '북진통일기원대회'(대회장 전필순 목사)를 개최했고, 1953년 6월 15일에는 NCC 주최로 '전국 기독교신도 구국대회'를 개최하고 휴전을 반대하고 북진통일을 기원했다.

---

37) 전문은 김양선, 『한국기독교 해방10년사』, 140-142에 게재되어 있다.
38) 전문은 김양선, 142-3에 게재되어 있다.

6) 이승만 대통령의 초량교회 예배

부산이 임시수도가 되자 이승만 대통령은 부산에 거주하게 되고 주일에는 보수감리교회에 출석한 일도 있지만, 보통 미 8군 예배당에서 예배를 드렸다. 안전을 위한 조치였다. 그런데 그가 두 차례 부산 초량교회를 방문한 일은 특별한 일이었다. 그가 부산에 체류하는 기간 주로 미8군 교회당으로 가 예배를 드렸으나, 전화에 지친 피난민들을 만나고 격려해 주는 것이 좋겠다는 양성봉 경남지사의 건의에 따라 1951년 4월 29일 주일 낮 예배 때는 부산시 동구 초량동의 초량교회 예배에 참석한 것이다.[39] 양성봉 장로는 이 교회 시무 장로였기에 초량교회로 모시고 온 것이다. 이 때의 담임목사는 한상동 (韓尙東, 1901-1976) 목사였는데, 대통령의 예배 참석을 사전 통보 받은 한상동 목사는 이 날 신명기 11장 서두를 본문으로 설교했다.

> "그런즉 네 하나님 여호와를 사랑하여 그가 주신 책무와 법도와 규례와 명령을 항상 지키라. 너희의 자녀는 알지도 못하고 보지도 못하였으나 너희가 오늘날 기억할 것은 너희의 하나님 여호와의 교훈과 그의 위엄과 그의 강한 손과 펴신 팔과 애굽에서 그 왕 바로와 그 전국에 행하신 이적과 기사와 또 여호와께서 애굽 군대와 그 말과 그 병거에 행하신

---

39) 김성태, "초량교회와 한상동," 『한상동 목사: 그의 생애와 신앙』 (광야, 1986), 137. 『초량교회100년사』, 204.

일 곧 그들이 너희르 뒤쫓을 때에 홍해 물로 그들을 덮어 멸하사 오늘까지 이른 것과 또 너희가 이 곳에 이르기까지 광야에서 너희에게 행하신 일과 르우벤 자손 엘리압의 아들 다단과 아비람에게 하신 일 곧 땅이 입을 벌려서 그들과 그들의 가족과 그들의 장막과 그들을 따르는 온 이스라엘의 한가운데에서 모든 것을 삼키게 하신 일이라. 너희가 여호와께서 행하신 이 모든 큰일을 너희의 눈으로 보았느니라. 그러므로 너희는 내가 오늘 너희에게 명하는 모든 명령을 지키라. 그리하면 너희가 강성할 것이요 너희가 건너가 차지할 땅에 들어가서 그것을 차지할 것이며, 또 여호와께서 너희의 조상들에게 맹세하여 그들과 그들이 후손에게 주리라고 하신 땅 곧 젖과 꿀이 흐르는 땅에서 너희의 날이 장구하리라."

한상동 목사가 즐겨 봉독했던 본문이었다. 이 본문을 읽은 후 하나님 여호와의 법도와 규례를 지킬 때 축복을 받고 나라가 강성해지며 전쟁에서도 이길 수 있다는 내용으로 설교했다. 이날의 기도는 더욱 간절했다. 이날 예배를 폐한 후 이 대통령은 담임목사의 안내를 따라 인사하게 되었는데 강단으로 올라가려 하자 한상동 목사는 '아래 강단에서 인사하십시오.'라는 말을 듣고 아래 강단에서 인사했다고 한다. 이날 목격자의 증언에 따르면 대통령은 한상동 목사를 한번 쳐다보고 아래 강단에서 짧은 인사를 했다고 한다.

이와는 다른 증언이 있다. 이승만의 초량교회 방문 당시 현장에 있었고 후일 초량교회 장로가 되는 김성태(金聖太) 교수

(전 부산대학교 인문대학 심리학과 교수)는 그때의 광경을 이렇게 기술했다. "한상동 목사는 종전과 같이 하나님의 장중에 든 군의 필승을 역설, 강조하였고, 이날 부른 찬송가는 필승과 북진통일을 염원하는 삼천만 겨레의 우렁찬 합창곡과도 같았다." 그런데 그는, 한상동 목사가 이승만 대통령을 강단에 세우지 않는 것이 아니라 이승만 대통령 스스로 강단에 서지 않고 아래 강단에서 인사했다고 말한다. 한상동 목사는 이 대통령에게 강단에서 인사하도록 말했으나 이 대통령이 강단은 목회자가 서는 곳인데 감히 내가 설수 없다며 사양하고 스스로 아래 강단에서 인사했다고 증언한다. 도서출판 광야를 운영하던 최수경 사장은 『한상동 목사의 생애와 신앙』에 대한 책을 편집하면서 『초량교회 80년사』를 집필했던 김성태 장로의 한상동 목사 관련 글을 전재(轉載)하기 위해 1986년 초에 김성태 장로를 만났을 때 그가 이 점을 증언한 것이다. 그는 "이승만 대통령을 한상동 목사님이 강단에 세우지 않았다는 것은 왜곡된 사실"이라고 증언하고 있다.

1951년 4월 29일 주일에 이어 이승만 대통령은 한 번 더 초량교회 예배에 참석했는데 이때는 1953년 6월 7일이었다. 대통령의 출석 소문을 들은 피난민들이 몰려와 의자를 정리하고 예배당에 입장하지 못한 이들을 위해 확성기를 설치하기까지 했다고 한다.[40] 그로부터 약 10일 후 반공포로 석방을

---

40) 초량교회 장로였던 김성태 전 부산대 교수는 이렇게 회상했다. "당시 교회당

단행했다. 이 대통령은 큰일을 앞두고 초량교회에서 예배드리고 자신의 결의를 다진 것이 아닌가 생각된다.

7) 마리안 앤더슨의 부산공연

전화의 파도가 휩쓸고 간 피난민의 도시 부산에서 미국의 유명한 흑인가수 마리안 앤더슨(Marian Anderson, 1897-1993)의 공연이 있었다. 휴전을 2달가량 앞둔 1953년 5월 28일이었다.[41] 미8군의 요청으로 마리안 앤더슨은 피아니스트 후란츠 루프(Franz Ruff)와 함께 일본을 경유하여 내한하였고, 이날 대청동 제3육군병원 앞 뜰 야외 곧, 지금의 부산의 남일초등학교 운동장에서 한국음악협회 주최로 앤더슨의 공개공연이 펼쳐졌다. 어수선한 피난지 부산에서 마땅한 공연장을 찾지 못해 초등학교가 인접해 있는 가설무대에 서게 된 것이다. 공연은 오후 6시 시작되었으나 어둡지 않았다. 이날 공연은 전쟁에 지친 고난의 백성을 위로하기 위한 것이었다. 이날 병원 야외에 설치한 가설무대에서 진행된 무료공연을 보기 위해 모인 인파는 무려 1만여 명에 달했고, 대청동, 보수동 거리를 매운 인파는 발 디딜 여지도 없었다고 하니 이날의 열화

좌석이 좁아서 의자를 전부 예배당 뜰에 두고 예배를 드렸다. 성도들은 뜰에서 혹은 자동차 안에서 확성기를 통하여 말씀을 듣게 되었다. 은혜스러운 장면이기에 교우들의 마음가운데서 변화산에서 변화하신 주님처럼 강대상의 일부가 변화된 것 같이 여겨졌다." 김성태, "초량교회와 한상동," 138.

41) 강인숙은 이때가 1952년이었다고 잘못 말하고 있다. 『어느 인문학자의 6.25』 (에피파니, 2017), 180.

같은 성원을 헤아릴 수 있다.

세계 최고의 콘트랄토 앤더슨은 인종차별이 심하던 1897년 2월 27일, 미국 필리델피아에서 출생하였다. 극심한 가난 가운데서도 교회에 다니며 6살 때부터 성가대에서 활동하며 음악성을 키웠다. 흑인이라는 이유 때문에 음악학교에 들어갈 수가 없었고 음악교육을 제대로 받지 못했으나 28세 때는 300여명의 기라성 같은 경쟁자를 불리치고 뉴욕 필하모니 오케스트라와 협연자로 뽑혔고, 성악가의 길을 가게 된다. 흑인이라는 이유로 식당에서 거절당한 그는 주린 채로 무대에 서기도 했고, 호텔에서 투숙을 거부당하기도 했다. 워싱턴의 컨스티튜션 홀에서 리사이틀을 하기로 되어 있었으나 흑인이기에 연주장 임대가 취소된 일도 있었다. 이 때 앤더슨은 항의의 표로 링컨 기념관 광장에서 연주를 강행 했을 때 무려 7만 5천명의 청중이 운집한 일도 있었다고 한다. 자신의 처지를 딛고 일어선 그는 누구도 부정할 수 없는 당대 최고의 성악가였다. 세계적인 지휘자 토스카니니(Arturo Toscanini)는 앤더슨을 가리켜 "100년에 한 명 나올 수 있는 성악가"라고 극찬했다. 그는 백악관에서 루즈벨트 대통령 부처와 영국 여왕을 위한 독창회를 가질 정도로 국가적인 인정을 받기도 했다. 그런 저명한 성악가가 1953년 대청동, 보수동 거리에서 1만 명을 앞에 두고 위로의 멧세지를 전했던 일은 전쟁기 부산에서의 감동적인 사건이 아닐 수 없다.

그 때 그가 불렀던 노래가 어떤 것이었는지 정확하게 알려져 있지 않다. 단지 두곡은 알려져 있는데, 한 곡은 지금 찬송가 372장에 편집되어 있는 '그 누가 나의 괴롬 알며 Nobody Knows'이고, 다른 한 곡이 '깊은 강 Deep River'이었다. 어디서든 흑인영가를 즐겨 불렀던 그는 고난의 현장, 전쟁의 아픔을 안고 하루를 마감하는 부산시민들에게 위로의 메시지를 노래로 대신했던 것이다. 앤더슨의 이노래는 수많은 사람들의 심금을 울렸던 흑인영가 가운데 하나였다. "그 누가 나의 괴롬 알며, 또 나의 슬픔 알까? 주 밖에 누가 알아주랴, 영광 할렐루야." 황폐한 거리에 울려 퍼졌던 이 노래가 지금도 우리 가슴을 감동으로 채워 준다. 이 노래는 세계적인 가수가 불렀기 때문만이 아니었다. 이 노래 자체가 앤더슨의 삶의 여정을 그대로 고백한 것이었기 때문이다. 몇 분간의 침묵이 흐른 후 우뢰같은 박수를 뒤로하고 그가 다시 부른 노래가 '깊은 강'이었다.

"깊은 강, 내 집은 저편 요단강 너머에 있네. 주여, 저 강을 건너 그리운 땅으로 가고 싶네."로 시작되는 이 노래는 고난의 현실을 떠나 저 영원한 천국으로 가고 싶다는 자유를 갈망하는 노래였다. 가사나 곡은 슬픔을 당한 우리 민족에게 주는 위로의 메시지였다. 이날의 모습은 상상만 해도 가슴 뭉클한 감동이 있다.

어떤 기자가 마리안 앤더슨에게 그의 생애에서 가장 기뻤던 날이 언제였는지를 물었을 때 "나의 생애에서 가장 기뻤던 순간은 어머니에게 더 이상 남의 집 빨래 일을 하지 않아도 된다고 말씀드리던 그 날이었습니다." 라고 대답했다. 그 때가 공연료를 처음 받았을 때였다고 한다. 흑인이라는 멸시와 가난, 인종차별의 아픔을 겪어왔기에 그의 노래 '깊은 강' 은 전쟁의 와중에서 일상에 지친 이들에게 위안을 주고도 남았을 것이다. 마리안 앤더슨은 1958년 10월 다시 한국을 찾았고 그 때는 당시 서울에서 가장 큰 공연장이었던 이화여전 강당에서 노래했다. 숨소리조치 들리지 않는 감동의 무대였고 엥콜 송으로 '아베 마리아' 를 불렀다고 한다. 앤더슨은 1993년에 97세의 나이로 세상을 떠났다. 그가 전쟁기 부산을 찾았다는 사실을 아는 이들이 많지 않다.

3. 부산에 온 전도자들과 군목들

1) 밥 피어스 목사

6.25 전쟁기 부산을 방문했던 전도자이자 사회사업가 중의 한사람이 로버트 윌야드 피어스[Robert Willard Pierce, 1914-1978] 목사였다. 애칭 밥(Bob) 피어스로 불리는 그는 한국의 전쟁고아들을 돕기 위해 1950년 민간구호단체인 월드비전(World Vision)을 창립한 인물인데, 3년 후 한국 선명회(宣明會)라는 이름으로 한국지부가 조직되었다. 처음에는 고아들을 구호대상으로 여겼으나 곧 고아들만이 아니라 전쟁미망인, 상이군인 등 전화의 아픔을 안고 사는 이들에게도 도움을 베풀었다.

밥 피어스 목사는 1914년 10월 8일 아이오와주 포트 도지(Fort Dodge)에서 목수의 아들로 출생했다. 1920년대 중반에는 남켈리포니아로 이사하여 나사렛교회에 다녔다. 후에는 파사데나 나사렛대학(Pasadena Nazarene College)에서 신학수업을 받고 목회자의 길을 가게 되었다. 재학 중에 목사의 딸린 로레인과 혼인했다. 대학을 졸업한 이후 1937년부터 1940년까지는 순회 전도자로 활동했고, 1940년에는 침례교 목사로 안수 받았다. 그 이후 십대선교회(YFC: Youth for Christ) 창립과 청소년 운동에 관여하였는데, 1945년부터 1949년까지는 이 선교회 부총재였다. 1947년 집회 인도차 중국 아모이[42]로 갔는데, 거기서 네덜란드계 미국인 여선교사 티나 홀케보어(Tena Hoelkeboer)의 초청을 받고 그가 사역하는 학교에서 집회를 인도했다. 그런데 이때 백옥(白玉)이라는 이름의

월드비전의 창립자 밥 피어스 목사(1914-1978) 출처: '월드비전 50년사', 2.

---

42) 중국어로는 하문(下門, 후에 廈門으로 변경)인데, 샤먼으로 발음한다. 중국 푸첸성 남부에 있는 도시인데, 국제적으로는 아모이(Amoy)로 알려져 있다.

소녀가 예수님을 믿게 되었다. 그 일로 이 소년은 집에서 쫓겨나 가족으로부터 버림을 받았다. 이 사실을 알게 된 밥 피어스는 그가 가진 마지막 5달러를 주면서 매달 5달러씩 보내주겠다고 약속했다. 이것이 평생 자매결연을 맺어주는 결연사업으로 발전했다. 그는 중국에서 버림받은 아이 백옥에 대한 가슴 아팠던 일을 기억하고 성경 갈피에 이렇게 써 놓았다고 한다. "하나님의 마음을 상하게 하는 것들로 인하여 제 마음도 상하게 하소서!"(Let my heart be broken by (with) the things that break the heart of God).

밥 피어스가 처음 한국을 방문한 것은 1949년 9월이라고 말해왔다. 이 때 서울 남대문교회에서 담임인 김치선 목사와 함께 전도집회를 개최했다고 알려져 왔으나 실제로 그가 처음 한국에 처음 온 것은 1950년 3월이었다. 서울과 대구와 부산 등지에서 대대적인 전도 집회를 개최했다. 이때 밥 피어스는 옥호열(Harold Voelkel) 선교사의 소개로 한경직을 만나게 된다. 한경직의 주선으로 남대문 옆 공터에서 대중 집회를 열었다.

그런데, 그가 귀국한 후 두 달 후 한국에서 전쟁이 발발했음을 알고 한국을 구체적으로 돕기 위해 1950년 9월 22일 미국 오레곤 포틀랜드에서 '월드비전'이라는 민간 구호단체를 조직했다. 그리고는 바로 그 다음 달 '크리스찬 다이제스트'의 종군기자 신분으로 한국에 왔다. 전쟁 중이었음으로 민간인 신분으로 내한할 수 없었기 때문이다. 내한한 그는 영락교회 담임목사였던 한경직 목사와 함께 전국을 순회하던 중, 특히 부산을 방문하고 피난민들의 처절한 삶의 현장과 전쟁고아들의 참상을 필름에 담아 전 세계에 알리며, 전쟁고아들을 미국의 기독교인 가정에 연결하는 결연사업을 시작하였다. 밥 피어스의 이 일을 지원하며 동역했던 이가 한경직 목사였다. 이렇게 되어 밥 피어스 목사는 한경직 목사와 한마음이 되어 수많은 한국전쟁 고아들과 전쟁미망인, 그리고 한센병 환자들, 맹인, 농아, 장애자와 이들을 위한 의수족 사업, 그리고 상이군인들에게 도움을 베풀었다.

그런데 피어스가 부산에 왔을 당시 부산에는 전란을 피해 300여명의 목사들이 부산에 체류하고 있었다. 이들은 집도 교회도 잃고 영적으로도 침체되어 있었다. 이들에게 영적 쇄신이 필요했다. 그래서 부산에서 밥 피어스를 강사로 첫 번째 목회자수양회가 개최되었다. 통역은 한경직 목사가 맡았다. 이런 목회 수양회는 그 이후에도 계속되었다.[43] 이처럼 밥 피어스 목사는 대중 집회를 인도하는 등 한국복음화를 위해서도 헌신하였다.

그는 진실로 복음주의 신앙을 가진 부흥사이자 선교사였고 구제사업가(relief worker)이자 기독교 사회운동가였다. 전쟁

---

43) 1954년 서울 집회를 비롯하여(2,212명 참석), 1955년 서울(3,317명), 1956년 서울(2,600명), 1957년 서울에서 개최되었고(1,120명), 1960년에는 대전(1차 859, 2차 778명)과 서울(915명)에서, 1975년에는 서울(1,300명), 대구(432명), 광주(1,209명) 등에서 개최되었다. 김은섭, "밥 피어스의 한국선교" 『내한 선교사 연구』(대한기독교서회, 2011), 240.

이후에도 여러 차례 내한하여 한국교회를 섬겼다.[44] 그가 한국을 마지막으로 방문했을 때가 1975년 10월 2일이었다. 한국의 전쟁고아들과 한국 복음화를 위한 그의 기여와 공적을 감사하는 예배가 그날 저녁 이화대학교 강당에서 개최되었다.[45] '선명회'는 한국전쟁기 창립된 민간구호기간으로 큰 기여를 했는데, 1998년에는 모든 지부의 명칭을 월드비전으로 통일한다는 국제본부의 방침을 따라 한국선명회는 한국월드비전으로 개칭되어 오늘에 이르고 있다.

2) 빌리 그래함 목사의 부산 방문

전쟁 중 빌리 그래함(Billy Graham, 1918-2018) 목사의 부산 방문은 특별한 행사였다. 그의 방문이 한국에 큰 영향을 주었고 그의 한국과의 교류의 시작이 되었기 때문이다. 노스캐롤라이

---

44) 1955년 9월에는 2만 5천 달러를 가지고 와서 서울의 남산 조선신궁 옛터에서 대대적인 집회를 인도하였다. 1956년 2월에는 서울 동대문운동장에서는 이승만 대통령, 함태영 부통령, 각부 장관과 육군참모총장 등 8만여 인파가 모인 곳에서 빌리 그래함 목사와 함께 복음을 전파하여 1,083명의 결신자가 나왔다. 5월에도 서울 중앙청 옆 광장에 설치된 임시 집회소에 모인 5만여 명을 위해 부흥집회를 인도하였다. 대개의 경우 한경직 목사가 통역을 맡았고, 가끔 감리교의 변홍규 목사가 통역을 담당하기도 하였다. 1957년 9월29일부터 10월20일까지 서울에서 밥 피어스 팀에 의해서 진행된 전도대집회는 가히 역사적인 것이었다. 국제전신전화국 옆 공터(현 교보빌딩 터)에서 열렸던 이 집회를 위해 한국기독교연합회의 협조로 자문위원회가 구성되었고, 서울시내 거주 기독교 신자 1,500명을 동원하여 돕게 하고, 매일 밤 집회마다 안내원 100명이 동원되고, 성가대원 900명이 찬양 순서를 맡았다. 이 전도 집회의 모든 경비는 월드비전이 부담하였다. 매일 밤 집회에 평균 1만 5천여 명이 모여들었다. 매일 밤 수백 명에 이르는 결신자가 나왔다.
45) 김은섭, "밥 피어스의 한국선교", 『내한 선교사 연구』 (한국교회사학연구원, 2011), 230.

나 샬럿 부근 농촌에서 1918년 11월 출생한 그래함 목사는 플로리다성서신학교를 졸업하고 1939년 목사 안수를 받았다. 이후 대중 전도자로 활동하게 되는데, 1949년 로스엔젤레스(LA) 전도집회에서 엄청난 청중을 동원하면서부터 대부흥운동가로 명성을 얻기 시작했다. 1950년에는 '빌리 그래함 전도협회'를 조직하면서 북미뿐만이 아니라 전 세계를 순회하면서 전도집회를 개최하기 시작했다. 평이하고도 단순한 설교, 그리스도의 유일성에 대한 분명한 강조, 그러면서도 박진감 넘치는 연설을 통해 영적 지도자로 인정을 받았는데 그가 1952년 12월 전화(戰禍)에 지친 부산으로 왔고, 대구 서울 등지를 방문하고 그해 12월 25일 성탄절에는 이승만 대통령과 면담하기도 했다.

실제로 그에게는 한국에 대한 관심이 적지 않았고 한국에

1952년 12월 한국을 방문한 빌리 그래함과 레이먼드 프로보스트.
출처: '하나님께 비친 일생,' 123,

서 집회를 개최하고 싶어 했다. 그것은 한국에서 청소년기를 보낸 아내와의 인연도 그 한 가지 이유였다. 빌리 그래함은 일리노이주 휘튼대학 재학 중 미국남장로교의 중국 주재 의료선교사 넬슨 벨(Nelson Bell)의사의 딸인 루스 벨(Ruth Bell, 1919-2007)을 만나 1943년 8월 13일 결혼했는데, 루스는 중국에서 어린 시절을 보냈으나 평양외국인학교에서 중등학교 과정을 공부했다.[46] 그래서 빌리 그래함은 한국에 대한 애정이 있었다. 보다 중요한 이유는 한국에 있는 장병들을 위로하며 전도집회를 개최하고 싶어서였다. 특히 전쟁에 지친 한국인들에게 소망의 메시지를 전하고 싶어서였다. 그래서 1952년 10월 하순부터 한국방문을 결심하고 기도하기 시작했고, 한국방문과 전도집회 개최를 요청하는 청원서를 미국방성에 제출하고 결과를 기다리고 있었다. 바로 이런 시기에 한국의 2천 여 명의 목회자들은 한경직 목사를 필두로 한국에 와서 집회를 개최해 주도록 요청하고 있었다. 주한 선교사들도 동일한 요청을 하고 있었다. 특히 선명회의 창립자인 밥 피어스(Bob Pierce)의 간절한 요청이 있었다.

그런데 빌리 그래함이 한국으로 오기 전 전도집회를 개최했던 곳이 뉴멕시코주의 가장 큰 도시인 알버커키(Albuquerque)였다. 이곳에서의 집회는 11월 2일부터 4주간이었다. 이 집

---

46) 넬슨 벨 의사(빌리 그라함 목사의 장인이자 루스벨의 아버지) 부부의 중국 선교에 대해서는 스티븐 포르토시스(이상규 역), 『헤리티지 스토리』(CLC, 2011)를 참고할 것.

회 마지막 날인 11월 30일 한국을 위한 헌금을 실시했는데, 이것은 알버커키연합감리교회 이경화 장로의 지적처럼 한국 방문을 위한 준비였다. 그로부터 2주 후 한국에 도착하게 된다. 빌리 그래함은 알버커키에서 집회를 마치고 로스 엔젤레스로 갔는데, 12월 2일 거기서 한국방문 허가를 받았다. 12월 5일에는 하와이로 향했다. 이때 한국으로 향하는 동료가 한경직 목사와 밥 피어스 목사였다. 12월 7일에는 호노룰루를 떠나 일본 동경으로 향했다.[47] 일본에서는 일본 주제 선교사들과 전쟁을 피해 일본에 체류하던 선교사들을 만나고 한국전 부상병들이 치료받고 있는 육군병원 방문, 극동사령부 간부들과 군목 면담 등 일본에서 일 주간을 체류하고 14일 일본을 떠나 부산에 도착했다. 이날이 주일이었다. 미군장병들을 위한 예배를 인도했고, 이튿날 월요일에는 한경직 목사가 시작한 부산 부민동의 다비다 모자원을 방문하여 위로했다. 그날(12월 15일)부터 4일간 대중집회를 개최했는데, 12월 17일 수요일에는 충무로 광장에서 야외 집회를 열렸다. 세찬 바람이 이는 추운 날이었으나 이날 7천명이 참석했다고 한다. 함태영 부통령도 참석한 이날 회중은 길바닥에 멍석을 갈고 앉거나 서서 말씀을 들었다.

앞에서 지적했지만 그의 한국 방문은 두 가지 목적이 있었

---

47) 이경화, "빌리 그레이엄 목사: 그의 첫 한국 방문과 알버커키"「광야의 소리」
2018, 3/4호, 20-23.

다. 첫째는 한국인을 위한 전도 집회였다. 전쟁의 아픔을 안고 치열한 생존 위기에 처한 한국인들을 위로하되 영적인 은혜를 나누기 위해서였고, 둘째는 미군들을 위로하고 이들에게도 복음을 전하기 위한 의도였다. 그런데 부산 집회 때도 미군들도 참석했고, 결신자 초청(altar call)을 했을 때 많은 한국인들과 함께 미군 백인과 흑인들도 앞으로 걸어 나왔다.

빌리 그래함의 첫 한국 방문에서 가장 감동적인 것이 한국인들의 새벽기도였다고 한다. 빌리 그래함은 자신을 안내하고 사진사 역할을 했던 미북장로교의 부례문(Raymond Provost) 선교사의 안내로 새벽기도가 열리는 피난민 교회를 방문하였는데, 그 피난민 교회는 보수산 중턱에 임시로 설치된 예배당이었다. 지붕만 가린 채 사방이 개방된 추운 겨울, 새벽공기는 귀를 도려내는 듯한 매서운 날씨였으나 성도들은 거적때기 위에서 무릎을 꿇고 눈물로 기도하고 있었다. 자신의 죄와 민족의 죄악을 통회자복 하면서 전쟁의 승리와 회복을 기도하는 그 모습에서 대한민국의 소망을 읽었다고 한다. 이때의 새벽기도회에 대해 빌리 그라함과 동행했던 프로보스트의 부인 마리엘라는 이렇게 증언하고 있다.

"그들이 교회 근처에 도착했을 때 피난민들의 기도 소리를 들을 수 있었다. 산등성이에 위치한 교회당은 벽이 없고 지붕만 있었고, 바닥에는 쌀가마니가 깔려 있었다. 그 때는 12월이었기에 매우 추웠다. 그곳에서 한국인들을 통성기도를 하고 있었다. 그날 아침 기도를 하는 동안 그들은 자신들이 잃어버린 것에 대하여 애통해하며 기도하였고, 그것을 본 그라함 목사는 깊은 감동을 받았다." [48]

그렇다면 이 피난민교회는 무슨 교회였을까? 분명한 기록은 없지만 여러 정황을 고려해 볼 때 이 교회는 보수산 언덕에 살립된 교회, 그리고 부산에서 가장 먼저 설립된 피난민교회인 평양교회였을 것이 분명하다. 이 교회는 김윤찬 목사에 의해 설립된 교회인데, 김윤찬 목사는 보켈(옥호열) 선교사에게 비와 바람을 막아줄 수 있는 천막을 요청했는데, 보켈은 대형천막 6개 널빤지를 제공해 주었다. [49] 이렇게 시작된 교회가 평양교회였다. 바로 이교회 새벽기도회에 빌리 그래함 일행이 방문한 것이다. 그 피난민교회의 새벽기도회를 보면서 큰 감명을 받은 빌리 그래함은 한국에서 역사(役事)하실 하나님의 역사(歷史)를 기대했다고 한다.

3) 빌리 그래함 목사의 부산 집회 이후

부산에서 일정을 마친 빌리 그래함은 1952년 12월 19일, 금요일 대구로 갔고, 미국북장로교선교부가 운영하는 동산병원과 고아원을 둘러보고 저녁에는 전도집회를 열었다. 그 때 포장되지 않는 진흙길, 눈이 녹은 후 질퍽한 길을 돌아 한 고아

---

48) 마리엘라 프로보스트, 『하나님께 바친 일생』, 124.
49) 배귀희, 『옥호열』(숭실대학교 한국기독교문화연구원, 2020), 112.

빌리 그래함 목사의 한국에서의 첫 집회(1952. 12).
출처: '하나님께 바친 일생', 124.

원에 갔을 때 한 눈먼 아이가 "예수사랑하심"을 불렀는데,
빌리 그래함은 그 때의 감격을 잊을 수 없었다고 후일 회고했
다. 20일 서울로 이동한 그는 25일까지 바쁜 일정을 보냈다.
12월 21일 주일에는 영락교회에서 설교했다. 당시 기록에 의
하면 난방 장치가 없던 그 교회는 아이스박스만큼이나 추웠
으나 집회 인원은 1,400명에 달했다고 한다. 그 후 빌리 그래
함은 군용 헬리콥터를 타고 서부전선 중부전선 동부전선에
있는 부대장병을 위한 집회를 인도했는데 장병 7천명이 참석
했고, 1천여 명의 장병들이 예수를 영접했다고 한다.

그 후 서울 충무로에서 대중 집회도 인도했고, 미8군 사령과
밴 플리트(van Fleet, 1892-1992) 장군과 면담도 했다. 맥아더
장군이 해임됨에 따라 미 8군 사령관이었던 릿지웨이(Matthew
Bunker Ridgway, 1895-1993) 장군이 UN군 총사령관이 되자,

밴 프리트는 릿지웨이의 후임으로 미 8군 사령관이 된 것이다. 그는 위대한 장군이었다.[50]

빌리 그라함 목사는 12월 25일에는 군 장병들에게 두 차례의 설교를 했고 그들과 같이 식사했다. 그 후에는 경무대로 찾아가 이승만 대통령과 면담했다. 한국에서의 마지막 일정이었다. 이 때의 대담 내용과 전도집회 설교가 담긴 음반(Record)이 1953년 초 발매되었다. 그의 설교가 담긴 음반의 제목이 '자유가 울리게 하라 Let Freedom Ring'이었다.

빌리 그래함이 한국에 체류한 두 주간 동안 통역한 이가 한경직 목사였다. 이 일로 한경직 목사는 그래함 목사와 깊이 교류하게 되었고, 이를 계기로 이듬해 5월 18일, 한경직은 미국을 방문하고 40여 일 간 체류하며 각지를 순회하며 한국의 실상을 소개하고 도움을 청했다. 이를 주선한 이가 빌리 그래함이었다. 한국에서 보낸 두 주간은 그에게 소중한 기간이었다. 그는 이렇게 회상했다. "너무도 많은 비참한 전쟁의 참화를

---

50) 그의 아들 지미 밴프리트 2세 공군 중위는 이제 막 해외근무를 마쳤음으로 한국전에 참여할 의무가 없었음에도 불구하고 자원해서 아버지가 사령관으로 있는 한국전에 참여하였으나 압록강 남쪽의 순천지역을 폭격하기 위해 출격했다가 1952년 4월 3일 새벽 3시 김포 비행단의 레이더와 접촉한 후 표적을 향해서 날아가다가 실종되었다. 4월 4일 아침 10시 30분. 8군 사령관 밴프리트는 미 제5공군 사령관 에베레스트 장군으로부터 아들 지미 밴프리트 2세 중위가 폭격 비행 중 실종되었고 수색작업이 진행되고 있다는 보고를 받고, "적지에서의 수색작전은 너무 무모하다." 며 구출작전을 중지시킨 일은 지도자의 희생적인 사례로 회자되고 있다. 마지막 UN군 사령관인 마크 클라크 대장의 아들 클라크 대위도 금화지구 저격능선에서 중대장으로 싸우다가 세 번에 걸친 부상으로 전역을 했으나 결국 그 후유증으로 사망했다. 한국전에 참가한 미군 장성의 아들들은 모두 142명인데, 이 중 35명이 전사했다. 한국전에서의 미군 전사자는 모두 54,000여명, 부상자는 10만 명이 넘었다.

보면서 눈물을 흘리지 않을 수 없었다. 내가 지난 30년 동안 흘린 눈물 보다 더 많은 눈물을 흘렸다. 나 자신이 어린아이로 한국에 왔다가 성인이 되어 돌아가는 기분" 이라고 했다. 전쟁의 아픔을 더 깊이 알게 되었고, 한국에서의 집회 경험이 자신을 더욱 성숙한 목사로 키워주었다고 회상한 것이다.

4) 빌리 그래함 목사의 반공(反共)설교

여기서 6.25 전후 한국에 체류하면서 선포했던 빌리 그래함의 설교가 어떠했던가에 대해 소개하고자 한다. 한마디로 빌리 그래함의 설교는 강력한 반공설교였다. 제2차 대전 후 냉전체제에서 미국은 민주주의, 자본주의, 기독교를 전 세계로 수출하는 반면, 소련은 공산주의, 국가통제경제, 공산혁명을 수출하는데 혈안이 되어 있었다. 미국복음주의 진영에서는 소련 공산주의를 사탄적인 악의 세력으로 간주하여 영적 전쟁을 선포했는데 이 일에 앞장 선 인물이 빌리 그래함이었다. 이런 그의 입장이 6.25전쟁이 발발하자 한국에 대한 설교에서 분명히 나타났다. 그는 정기적인 '결단의 시간'(Hour of Decision)이라는 방송 설교를 했는데, 1951년 9월 결단의 시간 설교에서 한국전쟁은 미국과 영국이 포츠담과 얄타회담에서 스탈린에게 너무 많이 양보한 결과라고 비판했다.[51] 소련군의

---

51) 전호진, "빌리 그래함의 반공 메시지가 한국을 구했다"「미래한국」2017. 6.19.

북한 진주를 허용한 결과가 전쟁으로 발전했다고 본 것이다. 즉 소련은 불과 5일간 참전하여 일본과 싸우고 북한에 진주하여 공산정권을 수립한 결과로 전쟁이 일어났다고 본 것이다.

빌리 그래함은 동서 냉전을 아메리칸 메시아니즘(American Messianism)과 소련 메시아니즘(Soviet Messianism)의 대결로 인식했다. 아메리칸 메시아니즘이란 청교도 목사 존 윈드롭(John Winthrop)의 '산 위의 도시' 이념에 근거하여 미국이 세상의 빛과 소금이 되어야 하고, 선민으로서 미국은 세계를 구원할 사명이 있다며 미국의 역할을 강조한 것이다. 반면, 소련 메시아니즘은 세계를 자본주의의 악과 모순으로부터 해방시켜야 한다는 사명감으로 공산혁명을 전파하려는 이념이었다. 이런 소련 메시아니즘, 곧 공산주의를 반기독교, 반자본주의, 반미주의(anti-Christianity, anti-Capitalism, anti-Americanism)라고 보았다. 그래서 빌리 그래함의 설교는 처음부터 반공주의적이었다. 그는 6.25 전쟁은 이데올로기 전쟁인 동시에 공산주의에 대한 영적 전쟁으로 보았다. 그는 이승만의 반공포로 석방을 지지했고, 소련의 휴전 제의를 공산주의자들의 노림수로 이해했다. 빌리 그래함의 반공주의 메시지가 미국 지도자들의 대한 정책에도 영향을 주었고, 그것이 결국 한국의 공산주의를 막는데 일조했다고 평가할 수 있다. 빌리 그라함 목사는 1952년 12월에 이어 1956년 2월말에는 두 번째 한국을 방문하고 집회를 인도했고, 세 번째 집회는 1973년 5월에 있었던 여의도 집회였다.

5) 군목제도의 시작

6.25전쟁은 한국군 내의 군목(軍牧) 병과를 설치하는 계기가
된다. 이때 시작된 군목 제도는 이후 한국교회 성장에 상당한
영향을 준 것으로 평가된다. 한국에서의 군목 제도는 전적으
로 미국의 것을 그대로 모방한 것으로 볼 수 있는데 전쟁으로
미군과 함께 군목이 복무하게 됨으로서 한국군에도 군목 제도
의 필요성을 인식하게 된 것이다. 실제로 군 선교를 제일 처음
고려한 이는 해군의 아버지라고 불리는 손원일(孫元一, 1909-
1989) 제독이었다.[52] 감리교 손정도(孫貞道, 1882-1931) 목사의
아들인 손 제독은 전쟁 전인 1948년 해군에서 정훈 장교 형식
으로 복무하게 한 바 있으나 공식적인 병과를 고려한 것은 아
니었다. 그러다가 전쟁이 발발하여 국가가 존망의 위기에 처
해 있을 때 교회지도자들의 기도운동이 일어났고, 이 기도운
동과 함께 군에서의 목회 혹은 정훈활동의 필요성을 인식한

---

52) 프란체스코 여사의 난중일기를 보면, 손원일 제독이 1950년 11월 경 대통령에
게 군목제도 설치를 건의한 것으로 기록되어 있다. "어느 국군사병이 일선에서
전사하면서 목사님의 기도를 들으며 평안한 마음으로 숨을 거둘 수 있도록 해
달라는 청원을 했다며 손원일 제독이 대통령에게 군목 제도 설치를 했다." 그
런데 이승만 대통령은 국군창설 당시 군목제도를 이범석 장군과 상의한 바 있
는데, 이범석 국무총리는 군에는 기독교 아닌 다른 종교를 가진 이들도 있으니
차차 연구해서 실시하는 것이 바람직하다는 의견에 따라 미뤄져 왔는데, 국군
의 절실한 요청이 있으므로 대통령은 빠른 시일 안에 군목 제도 실시를 모색해
보도록 신성모 국방장관에게 지시했다고 한다. 프란체스카 도너 리, 『6.25와
이승만』 (서울: 가파랑, 2010), 249.

손원일 제독과 교회 지도자들은 군목제도를 청원하게 된다.

한국에서의 군목제도의 기원에 대해서는 상의한 견해가 있지만, 전쟁 기간 중 군목제도에 대한 복수의 청원이 결국 군목병과를 시작하는 배경이 된다. 군목 제도는 1950년 11월 21일 이승만 대통령의 훈시에서 비롯된 것이라는 주장이 있다.[53] 그 이전인 1950년 8월 피난지 부산에서 교계 대표들, 곧 한경직 박종율 박치순 유형기 목사 등이 모여 군목 임명에 대한 의견을 나누었고, 이 사실을 이승만 대통령에게 진언하였다. 1950년 9월에는 선교사 신분으로 미군 군종부 문관으로 임명된 캐럴(George Carroll) 신부와 감리교 선교사 윌리엄 쇼(서위렴, William Show) 목사는 이승만 대통령에게 군종 제도 창설을 건의하였다. 그리고 미군 극동사령부 군종과장 이븐 베넷(Ivan L. Bennett) 목사는 미군과 한국정부 사이의 가교역할을 했다.

그 결과 1950년 8월 1일부터 미군 군종부 문관으로 활동한 이들은 신성모 국방장관과 국무총리를 방문하여 군종제도의 필요성을 역설하여 적극적인 협력을 얻었고 9월 5일에는 이승만 대통령을 면담하고 군종제도 창설에 대해 청원하였다.[54] 9월 18일에는 장로교, 감리교, 성결교, 구세군 대표들로 '군종제도 추진위원회'를 결성하여 천주교의 캐럴 신부와 장로교의 한경직, 감리교의 유영기 목사를 대표로 선출하였다. 이

---

53) 김양선, 138. 장병일 『6.25 공산남침과 교회』(한국교육공사, 1983), 332.
54) 유영익 편, 『이승만 대통령 재평가』(서울: 연세대학교 출판부, 2006), 418.

들 대표들은 19일 대통령을 면담하고 6.25 전쟁은 사상전이므로 정훈활동이 필요하고 미군이나 유엔군과 같은 군종제도가 필요하다는 점을 강조하였다. 이승만 대통령은 교회 지도자들의 요청에 따라 그 필요성을 공감하고 1950년 11월 21일 육군참모총장 정일권 소장에게 군목제도 설치 훈시를 내렸다고 한다.[55] 정일권 육군참모총장은 당시 상황을 1956년 4월 26일 군목창설 5주년 기념행사에서 다음과 같이 말했다.

"6.25 동란 발발 직후 대통령 각하로부터 나에게 군목 설치에 관한 것을 좀 생각해 보라는 분부가 계셨다. 그 때 나는 기독교에 대한 이해가 전연 없었고, 군목에 대한 지식도 없었음으로 군내에 종교를 끌어드리면 공연히 성가실 것만 같아서 전쟁이 맹렬한 이 때에 군으로써 다른 한 업무를 대하는 것은 전쟁 수행 상 어려운 점이 될 것 같아 고려키 곤란합니다 라고 상신하였다. 그러나 얼마 후에 각하께서는 또 다시 그래도 좀 더 생각해 보라는 분부가 계셨다. 그 때는 아마도 군목 제도에 관한 각하의 염려와 기대가 상당히 크신 것을 알고 그러면 잘 생각해 보겠다는 대답을 드린 후 우선 병원 같은 후방 기관에 이것을 실험해 보기로 했다. 얼마 후에 전 장병은 군목제도 실시의 필요를 크게 느끼게 되었음으로 마침내 대통령 각하의 유시를 받들어 창설을 보게 되었고, 제일선 참호에 까지 군목의 따뜻한 손이 미치게 되었다.
나는 전쟁이 가장 치열할 때에 제일선 진영에서 오랫동안

---

55) 장병일, 333.

군목과 함께 지낼 수 있는 기회를 가졌다. 아무리 위태한 때라도 하나님께서 우리와 같이 계신다는 것을 확신하게 될 때 모든 일을 질서 있게 진행할 수 있었다. 사병들은 군목을 자부(慈父)와 같이 믿고 따른 것을 볼 수 있었다. 나는 군목활동에 대한 전일의 몰이해를 후회하면서 이 사업에 적극적인 노력을 기울이기 시작하였다. ... 창립 5주년을 당한 금일에 있어 내가 크게 놀란 것은 신자수가 전 장병의 20% 밖에 되지 않는다는 사실이다. 지금까지 나는 그와 반대로 국군의 80%가 신자이고 20%쯤이 불신자일 것이라고 생각했다. 이것이 누구의 잘못인지 알 수 없다. 그러나 이제 그것을 묻고 켈 것은 없다. 다만 지금부터 우리 행정관과 군목 여러분은 국군의 전적 개종을 위하여 합심 협력하는 길 밖에는 없다. 우리 국군은 장비에 앞서 그리스도의 희생 봉사의 정신으로 정신무장을 먼저 해야 될 것을 나는 확신한다."[56]

대통령의 훈시에 따라 정일권 육군참모총장은 군목제도를 창설하게 했고, 결국 1951년 2월 7일 군목제도가 시작되었다.[57] 당시 군 예산이 부족하여 피복 식량 등 병참 관계는 군에서 담당하되 군종활동 경비는 파송 교단이 부담하는 것으로 결정했다. 첫 군목이 박대선, 전종옥, 박치순, 김형도, 윤

---

56) 김양선, 138-9.
57) 온태원 목사의 회고는 약간 다른 점에 있는데, 그는 군목제도는 1951년 2월 7일 시작되었는데, "육군 일반 명령 제31호로 육군 본무 인사국 내 군승과(軍僧課)를 설치하고 목사로서 일반 장교로 근무하고 있던 대위 김득삼 목사가 초대 군승과장으로 임명을 받음으로 군종병과는 마침내 창설되어 군대내 종교활동이 정식으로 실시하게 되었다."고 말하고 있다. 김득렬 편, 『씨를 뿌리러 나왔더니』(서울: 도서출판 카이로스, 2007), 361.

창덕, 김윤승 등 39명의 장로교 감리교 성결교 목사와 천주교 신부들이었다. 이들은 4주간의 교육을 받고 1951년 4월부터 각 일선부대와 병원 등에 배치되었다.[58] 제1기 군목인 박치순은 제주 훈련소에서 일했는데, 그가 여기서 처음으로 군인교회를 세우고 군인들의 정신생활을 지도하였다고 한다.[59]

1951년 2월부터 군목 제도가 시작되었다고 하지만 독립된 병과로서의 군종 병과라기보다는 민간인 목사 신분으로 전쟁 중 군선교 활동을 할 수 있는 허락을 받은 정도라고 할 수 있다. 군종의 신분은 현역 군인보다는 문관이 더 바람직하다는 이 대통령의 의견을 따른 것이었다.

이와는 별도로 김영환(金英煥), 지송암(池松岩) 두 목사는 전쟁이 발발하자 광주에 있던 제3육군병원을 방문하여 전도하기 시작했는데 병원장인 장희섭(鄭熙爕) 대령은 이들에게 '종군 목사'라는 직함을 주었다고 한다. 정희섭 대령은 목사의 아들로서 군선교 활동을 가능하게 했는데, 김인서는 이것이 군목 활동의 시작이라고 보고 있다.[60] 그 후 장로교의 권연호(權連鎬) 목사와 각 교파 지도자들과 주한 외국 선교부 관계자가 연합하여 외국에서와 같은 군목 제도 창설을 이승만 대통령에게 공식적으로 진언하였고, 대통령은 이를 허락하여 육

58) 장병일, 334.
59) 장병일, 335.
60) 김인서, "군목전도와 한국교회"「신앙생활」 12/6(1953. 12), 1.

군 안에 문관의 자격으로 군목 업무가 시작되었다고 한다.

종합적으로 판단해 볼 때 전쟁이 발발하자 복수의 교계 인사들에 의해 군선교를 위한 시도가 있었지만, 교회 지도자들과 외국 선교부 관계자들이 군 선교차원에서 군목 활동을 대통령에게 진언하여 민간 차원의 문관 신분의 군목 제도가 시작된 것임을 알 수 있다. 앞에서 지적한 바처럼 처음에는 무보수 문관 신분으로 군목 활동을 시작했으나 1952년 6월에는 유급 문관으로 격상되었고,[61] 1954년 1월 12일에는 군종을 독립된 병과(兵科)로 인정함으로서 군종감실이 설치되었고, 12월 13일에는 육군에서 군목을 현역 장교로 임관하여 이 제도가 확립되었다고 할 수 있다.[62] 1952년 초까지 80명의 군목이 각 부대에 배치되었는데, 이중 51.9%가 예수교 장로회 소속 목사였다. 1954년 4월 당시 군목 수는 199명으로 증가했고, 1955년 8월에는 352명을 증가되었다.[63]

6.25 전쟁의 결과로 시작된 이 군목제도의 시행은 한국기독교회에 대한 특혜였다는 비판도 있지만,[64] 이 제도는 "한국 역사상 유래가 없는 선교의 전환점이 되었고,"[65] 그 이후

---

61) 한국기독교연합회 편, 『기독교연감 1957』, 69.

62) 민경배, 『대한예수교 장로회 100년사』, 546. 『기독교연감』 (1957). 69.

63) 1957년 초 군목 수는 291명이었다는 기록이 있고, 그 명단은 『기독교연감』 (1957), 71-2에 게재되어 있다.

64) 강인철, 박보경 등은 기독교가 어떤 사회의 주류의 집단이 될 때 가능한 제도인데, 6.25 전쟁 당시 기독교는 다수집단의 종교가 아님에도 불구하고 이런 제도를 시행한 것은 기독교에 대한 특혜라고 말한다. 박보경, "한국전쟁과 남한교회," 「순교신학과 목회」 5(2020 5), 38.

65) 민경배, 『대한예수교 장로회 100년사』, 546.

군선교에 끼친 영향을 고려한다면 군종제도는 한국 기독교 역사에서 가장 위대한 획기적인 사건이라는 김양선의 평가는 결코 과장이 아니다. 김양선은 이렇게 평가하고 있다.[66]

"한국교회가 전쟁으로 모든 것을 잃었으나 잃은 것 못지않게 얻는 것이 있으니 그것은 백만의 국군장병에게 복음을 전하여 확고한 정신무장을 시킬 수 있는 종군목사 제도의 실시라고 할 것이다. 이 사업은 실로 한국교회 반세기 사상에 있어서 가장 중대하고 위대한 획기적인 사실일 것이다."

1951년 2월부터 1953년 4월까지 270여 명의 한국인 목사가 군목이 투입되었는데, 6개월 이상 참전한 군목 중 2015년 5월 말 당시 기준으로 볼 때 생존자는 30여명에 불과했다고 한다.[67]

6) 6.25 참전 미군 군목들

미국에서 군목 제도는 1775년 7월 29일 대륙의회가 군목협의회를 조직하고 미국성공회의 샤무엘 프로보스트(Samuel Provoost, 1742-1815)를 첫 군목으로 임명했는데, 이것이 군목 제도의 시작이었다. 미국의 독립 이전 해였다. 그런데, 한국전쟁 당시 연합군에 속한 군종장교는 140명이었다고 한다. 이중 13명이 순직하고 26명이 부상당했다. 연합군에 속한 군

---

66) 김양선, 108.
67) 「국민일보」, 2015. 6. 2.

종 장교들 가운데 절대 다수가 미군에 속한 군종목사들이었는데, 한국전쟁에 제일먼저 투입된 미군 군목은 일본 오끼나와에 주둔하고 있던 칼 허드슨(Carl R. Hudson) 목사였다. 그는 1950년 7월 5일 이른 아침 오산에 도착했다. 가장 먼저 전사(戰死)한 군목은 미 제24보병사단 제19보병연대 소속의 헤르만 G. 펠호엘터(Chaplain Herman G. Felhoelter) 목사였다. 그는 대전 금강전투에서 미군 방어선이 무너지자 낙오된 부상병을 안고 기도하다가 북한군 수색대에 잡혀 30여명의 병사들과 함께 현장에서 총살되었다. 37세 때였다. 그는 한국서 전사하거나 포로로 잡혀 죽은 12명의 군목 중 첫 번째 희생자였다.

제25보병 사단 제35보병연대 군목 바이런 리(Byron D. Lee) 목사는 1950년 7월 인민군 격투기 폭격으로 사망했다. 이처럼 한국 전쟁 시 희생된 미군 군목은 12명에 달하는데, 제19보병연대 케네스 히슬러(Kenneth C. Hyslop), 제2보병사단 제2보병대대 웨인 버듀(Wayne H. Burdue), 32보병연대 7보병대대 로렌스 브런너트(Lawrence F. Brunnert) 목사 등 군목들은 포로가 되었고, 3연대의 에밀 카폰(Emil J. Kapaun, 1916-1951) 신부는 중공군의 포로가 되어 수용소 병사들을 돌보던 중 사망했고, 다른 군목 포로들은 생사가 확인되지 않았다.[68]

필자는 호주 멜버른에서 유학 중 미군 군목으로 한국에서

---

68) 이인창, "전장에서 선포된 말씀," 「기독교연합신문」, 2019. 6. 30.

복무했던 존 뮐러(John Muller) 목사를 만났는데 그는 미국인 신분으로 호주 멜버른의 장로교신학대학(Presbyterian Theological College)에서 1986년부터 1989까지 목회신학, 특히 설교학을 가르치고 있었다. 같은 기간 스완힐장로교회 목회자로 일했다. 그는 필자를 만나면 한국말로 "아녕하십니까?"라고 인사하곤 했는데, 한국의 추운 겨울을 잊을 수 없다고 말하면서 전쟁 이후의 한국의 발전이 경의롭다고 했다. 그의 참전 이야기를 듣지 못한 것이 아쉽기만 하다.

7) 부산에 온 유대인 군목, 밀턴 로젠(Milton J. Rosen)

6.25 전쟁 중 유대인 군목이 참전했고, 그 유대인이 부산으로 와 일시 부산에서 근무했다는 사실을 아는 이들은 거의 없을 것이다. 한국과 유대인, 혹은 한국에서의 유대인의 존재는 흔치 않았다. 유대인 군목 이야기를 하기 전에 한국에 온 유대인 몇 사람을 소개하고자 한다. 우리가 알고 있는 한국에 온 첫 유대인은 오페르트였다. '오페르트도굴 사건'으로 알려진 에른스트 오페르트(Ernst Jakob Oppert, 1832-1903)는 독일계 유대인이었다. 독일 함부르크 출신의 유대인 상인이었던 오페르트는 1868년(고종 5년) 홍콩으로 건너가 사업을 하던 중 사업이 어렵게 되자 조선으로 관심을 돌리고 1866년 두 차례에 걸쳐 조선에 통상을 요청했으나 실패했다. 그러자 상하이 미국 영사관에 근무한 바 있는 미국인 프레더릭 젠킨스

(Frederick Henry Barry Jenkins)를 자본주로 하고, 프랑스인 선교사 페롱(Stanislas Féron, 1827-1903) 신부를 통역관으로 고용하고 차이나 호(號)에 백인 8명, 말레이인 20명, 조선 천주교도 몇 명, 청국인 승무원 약 100여 명을 태우고 상하이를 떠나 충청도 홍주목(洪州牧) 행담도(行擔島)에 와서 인접한 덕산군 가동(伽洞, 지금의 예산군 덕산면)에 있는 대원군의 아버지 남연군의 묘를 도굴했으나 주민들의 저항으로 실패했다. 1868년의 일이었다. 이 도굴 사건의 오페르트는 우리나라에 온 첫 유대인이었다.

두 번째 우리나라에 온 유대인은 첫 개신교 선교사인 칼 귀츨라프(Karl Guetzlaff, 1803-1851)였다. 독일 루터교 배경의 화란선교회 소속 귀츨라프는 인도네시아 말레시아 태국 중국 등에서 일했던 선교사인데, 그는 태국에서 일한 첫 개신교 선교사였다. 그가 중국에서 사역하는 기간인 1832년 7월 말 고대도에 상륙하여 최초로 한글 주기도문을 번역하였고, 한글의 우수성을 독일어와 영어로 서양에 소개했다. 또 최초로 서양 감자를 심고 재배하는 법을 가르쳐 주었다.

한국에 온 3번째 유대인은 시편 번역으로 유명한 알렉산더 피터스(Alexander Albert Pieters 1871-1958)였다. 한국이름으로는 피득(彼得)으로 불렸다. 제정 러시아 시대인 1871년 우크라이나에서 정통파 유대인(Orthodox Jew) 가정에서 출생한 그는 히브리어 교육을 받고 성장하여 히브리어에 능통하였다. 그가 직장을 얻기 위해 24세 때인 1895년 일본 나가사키로 가게 되었는데, 거기서 화란 개혁교회 선교사의 영향을 받고 개신교도가 되었고, 미국 선교사들의 도움으로 한국 선교사가 되었다. 조선어를 공부한지 3년 만인 1898년 62편의 시편(저주시를 제외한)을 한글로 번역하였는데, 그것이 '시편촬요'였다. 우리나라 교회 역사상 최초의 구약성경 번역본이었다. 후에도 구약성경 번역에 기여하여 최초의 구약 역본인 '구약젼셔(1911년)'의 출판에 도움을 주었고, 후에는 구약성경 개역위원회에서 활동하며 '개역 구약성경(1938년)' 출간에도 중추적 역할을 감당했다. 그가 지은 찬송이 지금의 찬송가 75장 '주여 우리 무리를'과 383장 '눈을 들어 산을 보니'이다. 히브리어가 능통한 유대인을 통해 한국어 성경번역에 기여하게 하신 것이다. 그는 70세에 한국에서 은퇴한 이후 미국 LA 인근 파사데나 소재 은퇴 선교사 주거 시설에서 여생을 보내고 1958년 87세로 하나님의 부름을 받았고, 그곳의 공동묘지(Mountain View Cemetery)에 안장되었다.

  그 외에도 한국과 유대인과의 교류가 없지 않았을 것이지만 6.25전쟁기 정통 유대인 랍비 군목이 있었고 부산에서 활동했다는 점은 흥미로운 일이 아닐 수 없다. 그가 미군에 속했던 밀턴 로젠(Milton J. Rosen)이었다. 미국에서 군목 제도는 1775년 시작되었지만, 유대인 랍비가 군목으로 복무하기 시작한 때는 남북전쟁기였다고 한다. 이때 유대인도 군목으

스탠리 로젠의 책,	부산에 온 유대인 군목 밀턴 로젠
'한국에 온 유대인 군목' 표지	출처: *An American Rabbi in Korea*, 61

로 근무할 수 있는 권한을 얻었고, 여성 군목과 흑인 군목도 이때 처음으로 임관했다고 한다. 독일에서는 거의 90년 만인 2019년부터 유대인 군목의 복무를 허락했다고 한다. 제1차 대전 당시 많은 유대인들이 독일을 위해 싸웠고, 수십명의 랍비들이 종군했는데, 1933년 히틀러의 집권 이후 모든 유대인들이 공공생활에서 배제되고 추방된 지 90여 년 만에 다시 유대인 군목을 허용한 것이다. 배경 이야기가 길었다.

이제 한국과 부산에 온 최초의 유대인 군목 밀턴 로젠에 대해 소개하고자 한다. 그는 1906년 러시아가 통치하던 리투아니아(Lithuania)의 빌라(Vilna)에서 6남매 중 막내로 출생했다. 얼마 후 그의 가족은 미국으로 이민하여 시카고에 정착했다.

철저한 정통 유대교도였던 아버지는 큰 아들이 미국문화에 쉽게 적응하자 자녀들이 유대교 전통을 고수하기 어렵다고 판단하고 막내인 밀턴을 데리고 예루살렘으로 이주하였다. 그래서 밀턴은 예루살렘에서 성장하면서 토라와 탈무드를 배웠다. 그런데, 얼마 후 아버지는 폐렴으로 어머니도 건강을 잃고 사망하게 되자 밀턴은 예루살렘의 디스킨(Diskin) 고아원에서 양육을 받았고, 제1차 대전 후에는 주임 랍비였던 쿡(Kook)과 가족의 도움으로 다시 시카고로 돌아왔다. 밀턴이 14살 때였다. 유대인으로서 미국과 이스라엘에 거주한 관계로 그는 히브리어와 이디쉬(Yiddish)어, 아람어와 영어를 알게 되었다. '이디쉬어는 중앙 및 동부 유럽에서 사용되던 유대인들의 언어였다. 이런 지역에 살던 흩어진 유대인들이 미국으로 이주한 이후에도 이디쉬어를 사용했기 때문에 뉴욕에서는 이디쉬어 일간 신문이 발행될 정도였다. 밀턴은 시카고의 해리슨고등학교에 입학하여 1925년 졸업하였고, 1925년부터 29년까지는 시카고의 히브리신학교에서 공부한 후 1929년 랍비가 되었다. 후에는 메디슨의 위스칸신대학교에서 철학을 전공하여 학사학위(BA)를 받기도 했다. 곧 사라(Sarah)와 결혼했고, 이후 19년간 정통유대교 랍비로 활동했다.

그러다가 1947년 아무런 훈련도 없이 비공식적인 요청으로 미육군 군목이 되었다. 밀턴의 아들 스탠리 로젠의 증언에 의하면 약 10분 정도의 군대식 경례법을 배웠을 뿐이라고 한다.

군목으로서의 첫 임지는 노스캐롤라이나의 포트 브래그(Fort Bragg)였다. 이곳에서 장교이자 군목으로 활동하는데 필요한 교육을 받고 유대인 성직자로서 활동하기 시작했다. 그러다가 일본에 주둔한 미군 군목으로 배속되어 1948년 1월 일본 요꼬하마에 도착했다. 당시 일본에는 러시아와 나치독일을 피해 일본에 온 유대인들이 있어 이들과 접촉하고 이들을 대상으로 활동하면서 집회소(chapel)를 열었는데, 이것이 일본에서의 최초의 유대인 집회소, 곧 회당(Jewish Chapel)이었다. 그는 일본어를 익히면서 유대교를 알고 싶어 하는 일본인들에게도 설교하고 가르쳤는데, 그 결과 일유회(日猶會, Japan-Israel Society)라는 친선단체를 조직하게 된다. 이렇듯 일본에서 군목으로 활동하면서도 이스라엘과 유대교를 소개하던 밀턴은 2년 5개월가량 일본에서 근무를 마치고 1950년 여름 미국으로 돌아가게 되었다. 일본의 친구들과 군인들 민간인들의 전송을 받으며 미국으로 향했다.

그런데 승선한지 얼마 안 되어 한국에서 전쟁이 발발했다. 북한군이 전역에서 38도 선을 넘어 남한을 침공한 것이다. 밀턴 로젠 군목은 본국으로 돌아가는 태평양 선상에서 이 소식을 들었다. 어떤 이들은 이 귀국선이 일본으로 되돌아갈 수도 있을 것이라고 우려했으나 그런 일은 일어나지 않았다. 그러나 미국에서 밀턴 로젠의 안식은 길지 못했다. 그는 곧 한국으로 돌아왔고, 앞서 소개 한 바처럼 한국 땅을 밟은 첫 유대인 군목이 된 것이다.

유대인 군목의 한국에서의 활동에 대해 소개하기 전에 유대인 군목 이야기가 어떻게 우리에게 알려지게 되었을까? 밀턴 로젠은 자신의 일에 대해 과묵했고 자식들에게도 이야기하지 않았다고 한다. 그런데 그가 사망한 이후 가족들은 밀턴은 정통 유대인의 관점에서 일기를 썼고, 한국 전쟁에 참전하여 군목으로 일하는 동안 뉴욕에서 발간되던 이디쉬(Yiddish) 일간지인 *Der Morgen Zhornal*(*Jewish Morning Herald*)에 기고문을 보냈다는 사실이 알려지게 되었다. 밀턴은 몇 번이나 연재했는지도, 그리고 기고문을 모아두지도 않았다. 그런데 이 신문은 보관되지 않았으나 이 신문이 마이크로필름으로 제작되어 미국 유대인 정기간행물 선터(American Jewish Periodical Center)에 보관되어 있다는 사실을 로젠의 아들이 알게 되었다. 그래서 이 센터의 도움을 받아 신문을 열람하는 가운데 밀턴은 1950년 11월 10일 한국전쟁에 대한 첫 원고를 기고하였고, 1951년 3월 11일까지 19회 분의 원고를 확인하게 되었다. 그래서 이를 토대로 밀턴의 아들 스탠리 로젠은 한권의 책을 편찬했는데, 그것이 『한국에 온 미국인 랍비 *An American Rabb in Korea*』라는 책이다. 필자는 미국 미시간 앤아버를 방문했던 2014년 9월 중고서점에서 이 책을 접하게 되어 이 책을 샀고, 전쟁기 유대인 군목이 부산에 왔다는 사실을 알 게 된 것이다. 밀턴의 아들 스탠리 또한 정보장교로 한국에서 근무했고, 후일 내과의사가 되어 일리노이와 위스칸신주에서 활동했다.

8) 밀턴 로젠의 눈에 비친 부산의 일상

한국에서 전쟁이 발발하자 일본에서 복무 중이던 밀턴 로젠 랍비는 1950년 11월 5일 주일 이른 아침 제너럴 하세(General Hasse)호로 요코하마를 출발하여 한국으로 향하게 된다. 그 배에는 미군 1천명 이상의 장교와 사병이 타고 있었다. 이틀 후 7일에는 일본 남부의 나가사키현의 사세보(世保, Sasebo)항에 도착했다. 여기서 다시 1천명이 탑승하여 한국으로 향해 11월 10일 인천항에 도착했다. 로젠 군목이 *Der Morgen Zhornal(Jewish Morning Herald)*에 기고한 보고에 의하면 인천에 도착한 새벽 3시부터 낮 11시까지 8시간 동안 작은 선박으로 병사들의 상륙을 도왔다고 한다. 한국의 겨울이지만 이날은 맑고 따뜻했으나 큰 건물은 파괴되어 있었으며 여기 저기 벽돌들이 흩어져 있고 거리는 정비되지 않는 어설픈 상태였다고 했다. 이날 처음 만난 한국인들은 남자이든 여자이든 흰옷을 입고 있었는데 가난과 배고픔이 베어 있는 슬픈 눈빛이었다고 기록했다. 인천항에서 군 기지로 이동은 기차를 이용했는데, 군인들은 손을 흔드는 한국인들에게 창문으로 캔디와 담배를 던져 주었다. 기지에 도착했으나 허름한 건물이었고 침대가 없어 한국인들이 짚으로 만든 침대 비숫한 것을 만들어 주었고 거기서 군용 리쿠사쿠로 휴식을 취했다. 숙소에서 제일 먼저 한 일은 DDT로 소독하는 것이었다고 한다. 식사를 못해 극도로 배가 고팠는데, 돼지고기가 배급되어 유대인이었던 밀턴 로젠은 채소와 과일, 그리고 커피만 마셨다고 한다. 이곳에 체류하는 동안 한국인 남녀 어른과 어린아이들이 힘을 모아 캠프를 급조했다고 한다.

로젠과 미군병사들은 일단 인천항으로 입항했는데, 알몬드 장군(General Almond) 휘하의 원산의 10군단으로 배속되어 이동을 준비하고 있었는데, 장비와 무기 이동이 우선순위였다. 그래서 예정된 날에 원산으로 이동하지 못하고 기다리고 있었다. 후에 알고 보니 그것은 군사기밀이었는데 실제로는 목적지가 원산이 아니라 부산이었다고 한다. 로젠이 신문에 쓴 보고를 보면, 부산까지는 기차로 이동하게 되는데, 기차는 더럽고 성한 곳이 없이 지저분했다. 무엇보다도 한국인 피난민들로 가득 찼는데, 미군이 음식을 준비하면 어린 아이들이 몰려와 빈 캉통이라도 주워 먹으려고 경쟁했고, 아이들의 얼굴에는 지치고 고통스런 아픔이 서려 있었다고 기록했다. 인천에서 부산까지는 350마일, 곧 560km인데 주야로 며칠이 걸렸다. 문제는 추워서 잠을 잘 수 없었다고 한다. 북한 게릴라의 공격 또한 염려되어 두려웠다. 두려움을 이기는 방법은 잠을 자는 것인데, 쉬 잠을 잘 수 없었다고 한다. 부산으로 이동하는 병사들 가운데서는 이미 북쪽 전선에서 싸웠던 이들이 있었고 어떤 이는 상처를 보여주었고 상처난 전투당시의 옷을 그대로 입고 있어 전선의 치열함을 알 수 있었다고 한다.

부산으로 이동하는 중 기차가 정차하면 키가 작고 바싹 마른 아이들이 잡다한 물건을 가지고 차에 올라 팔아달라고 조르는데, 로젠 군목은 "나의 생애에서 이처럼 열정적이고 도전적으로 물건을 파는 이들을 본 적이 없다"고 기록했다. 13살 정도로 보이는 아이가 돈을 가지고 미국 담배, 캔디, 껌을 사고자 했다. 담배 한 갑은 1200원(약 3달라), 껌은 한통이 6백원으로 거래되었다고 한다. 이동하는 동안 일본어를 아는 한국인과 어렵게 대화했는데, 북한의 집은 파괴되고 재산을 강탈당하여 대구로 내려가는 중이라고 했는데, 유대인들에 대해 조금 알고 있어서 신기했고, 한국인들은 유대인들은 다 부자인 줄로 착각하고 있다고 썼다.

유대인 군목 밀턴 로젠 랍비가 부산에 도착한 때는 1950년 12월이었다. 부산은 인민군의 공격을 받지 않는 곳이었고, 철도도 무사했다고 한다. 부산역에서 군 캠프로 이동하는데 바싹 마른 아이들이 자기들 보다 세배 이상 무거운 짐을 나르고, 날씬한 여자들도 머리에 짐을 이고 두 손으로 가방을 들고 어깨에도 가방을 두르고 짐을 나르는데 놀라울 뿐이었다고 했다. 유대인 군목은 일단 부산으로 왔으나 약 일 주일 후 원산으로 가게 되어 있었다. 그는 저녁마다 부산 거리를 다니며 부산 사람들을 보았는데, 부산은 옛것과 새것이 뒤섞인 도시라고 생각했다. 지게를 지고 다니는 이들이 있는가하면 현대적인 복장이나 물품들이 유통되고 있음을 보았기 때문이다. 로젠의 눈에 비친 부산은 도둑들이 설치는 도시였다. 군용품이 가게에서 거래되고 있었다. 또 미국 영국 인도 캐나다인 등 여러 종족의 사람들을 접할 수 있었는데, 특히 인도군인들은 수염을 기르고 있었고 잘 다려진 군복이 흥미로웠다고 기록했다. 로젠은 8일간 부산 생활을 경험하고 9일째 되는 날 부산을 떠나도록 예정되어 있었다. 그 때 비로소 중공군이 개입했다는 사실을 알게 되었다고 한다.

유대인 군목 밀턴 로젠이 1950년 12월 부산에 왔다는 사실은 미군병사들 가운데 유대인 병사도 있었다는 점을 암시한다. 그가 12월 25일자로 쓴 글에 보면, 12월 25일 이전에 부산으로 왔고 부산에 체류한 기간은 2주 정도라고 한다. 부산에 대한 그의 인상은 좋은 편이 아니었다. 야간에 이동할 경우 부랑자를 만날 수 있고, 도둑이 많다고 했다. 심지어는 천개의 눈을 가졌어도 도둑맞기 일쑤라고 했다. 또 부산은 어두운 도시라고 썼다. 전기 보다는 등유나 석유 램프를 많이 쓰고 있다고 했다. 그러나 이 점은 당연한 일이었다. 전시 부산인구의 급속한 증가로 전기가 부족했기 때문이다. 특히 로젠은 한국은 사회적으로 도덕이나 사회규범이 엄격함에도 불구하고 동성애자가 많다고 기록하고 있는데 이 점은 수긍하기 어렵다. 동성 간의 친밀한 교류를 동생애자로 오인한 것이 아닌가 생각된다.

짧은 기간 부산에서 체류했던 로젠은 부산을 떠나 원산으로 이동하게 된다. 중공군이 개입했기 때문이었다. 로젠은 이렇게 썼다. "중공군이 개입했고, 우리가 전선으로 이동한다는 소식은 청천벽력 같은 소식이었다. 솔직히 원산으로 가고 싶지 않았다. 이제 전선에서 가장 가까운 곳의 군목이 되는구나하는 생각이 들었다."

중공군이 개입하게 된 것은 10월 19일이었지만 사실은 이보다 앞서 10월 2일 마오쩌둥이 출병을 결심했고, 10월 4-5일의 중앙정치국 확대회의에서 출병을 결정하였고 이를 김일성에게 통보하였다. 이런 결정이 있기까지의 과정을 보면 이미 이전부터 전쟁 개입을 준비해 왔음을 알 수 있다. 이렇게 볼 때 미군이 38선을 돌파하였기 때문에 중국이 동북의 안전을 위해 불가피하게 참전했다는 주장은 설득력이 없다. 미군이 38선을 돌파한 것은 10월 3일이었고, 중국은 이보다 앞서 전쟁 개입을 결정했기 때문이다. 중공군의 개입은 커다란 변화를 가져왔다. 전세가 시시각각으로 변화되었고, 전투병력이 후방에서 안주할 수 없었기에 로젠 또한 부산을 떠나 원산으로 이동하게 된 것이다.

4. 전쟁기 부산에서의 의료 기관의 설립

1) 서전병원(瑞典病院, Swedish Red Cross Hospital)

한국에서 전쟁이 발발하자 16개국이 참전했고, 의무지원국이 노르웨이, 덴마크, 스웨덴, 이탈리아, 인도 등 5개국이었다. 이중 가장 먼저 의료진을 파견했던 나라가 스웨덴이었다. 스웨덴은 의료지원단을 보낸 다섯 나라 중에서도 가장 큰 규모와 가장 오랜 기간 활동한 국가였다. 전쟁이 발발하자 유엔 안전보장이사회는 6월 28일 한국에 대한 군사원조를 결의했는데, 스웨덴은 7월 5일 1개 야전병원단의 파견의사를 유엔에 통보했다. 유엔의 승인을 얻은 스웨덴은 의사 10명, 간호사 30명과 기타 기술 행정요원 등 176명으로 구성된 야전병원단을 편성하여 개전 3개월 후인 1950년 9월 23일 부산에 도착했다. 부산에 도착한 이들은 도착 이틀 만에 부산시 부산진구 부전동 503번지, 옛 부산상고(현 롯데백화점 부산본점) 운동장에

200병상 규모의 적십자 야전병원을 세우고 진료를 시작했다. 개원 당시 학교 건물에 2개 병동, 16개의 병실과 진찰실, 수술실을 마련하였고, 운동장에는 조립식 퀸셋(Quonse) 건물을 세워 간호사, 기숙사, 입원실, 식당 등으로 사용하였다. 이렇게 시작된 병원이 서전병원이었고 영문공식 명칭은 Swedish Red Cross Hospital이었다. 개원 당시 의료진 92명, 행정직 76명, 목사 1명을 포함하여 총 169명이 근무하였고, 청소, 잡역, 세탁, 경비 등을 담당한 한국인도 200여명에 달했다.

당시는 인천상륙작전(9월 15일) 이후 한국군과 유엔군이 서울을 수복하고 반격을 가할 때였다. 이런 과정에서 부상자가 급격히 증가되자 10월에는 450병상 규모로 확장되었고, 후

서전병원 의료진 부산 도착 후 차량으로 이동하는 광경.
출처: 서전병원 사진전(2017. 9. 13)

에 야전병원은 600 병상 규모로 확대되었다. 전선에서 소강 상태가 계속되자 1951년부터는 민간인을 위한 의료 활동도 병행하였다. 이렇게 시작된 서전병원은 1957년 4월 한국에서 철수하기까지 6년 6개월 간 부산에서 봉사했다. 휴전이 되었지만 곧장 철수하지 않고 '부산 스웨덴병원'으로 개명하고 후속 의료 활동을 계속하면서 고아나 과부, 혹은 극빈자 혹은 전쟁난민을 위해 봉사했다. 그러다가 1955년 5월에는 옛 국립 부산수산대학(현 부경대)으로 자리를 옮겨 의료 활동을 계속하다가 1957년 4월 10일 한국에서 완전히 철수 하게 된다. 한국에서 일한 6년 6개월 동안 스웨덴의 총 의료진 1,124명은 적군, 아군, 민간인을 가리지 않고 200만 명 이상을 진료한 것으로 알려져 있다. 스웨덴병원의 의료진들은 부산 철도병원과 적기(우암동)에 위치한 구호병원에 의사와 간호사를 파견하여 한국인 치료를 도왔고, 용호동의 나환자 정착촌을 방문하여 인도주의적 의료 지원을 감당하기도 했다.

이들의 헌신을 기념하여 스웨덴야전병원협회와 스웨덴 한국협회가 주관하고, 스웨던 정부가 비문을 제작하여 처음 병원을 열었던 지금의 부산 서면 롯데백화점 부산 본점 옆에 스웨덴참전 기념비를 1971년 10월 1일 건립했다. 비문은 스웨덴어, 한글, 영어로 새겨져 있다.

"1950년 9월 23일,

이곳 부산에 설치되었던 유엔군 산하의 스웨덴 야전병원
은 대한민국의 자유수호를 위해 1950~1953년 간 한국전쟁
에 참가했다. 이를 기념하고 스웨덴 왕국과 대한민국 양국
국민간의 영원한 친선을 위해서 이 기념비를 바치노라."

1957년 4월 이후에도 일부 의료진들은 잔류하여 한국인 의
사와 함께 결핵퇴치사업을 펼쳤고, 덴마크와 노르웨이와 협
조하여 서울에 국립의료원을 설립, 운영하는 등 한국 의학 발
전에 기여하였다. 그런데, 2003년 판문점 중립국감독위원회
의 스웨덴 대표로 한국에 부임한 라르스 프리스크 씨는 서전
병원의 활동에 대해 알게 되자 2014년 다큐멘터리 제작을 시
작했고, 한국에 왔던 스웨덴 의료진들을 면담하고, 또 야전병
원에서 치료받았던 한국인들을 면담하게 되었다. 이 과정에
서 전쟁 중 트럭에 치여 다리를 다쳐 서전병원에서 치료를 받
았던 소년을 만나게 되었다고 한다. 세월이 흘러 할아버지가
되었지만 그를 통해 서전병원의 자애로운 봉사를 확인할 수
있었다. 소년은 병원에서 다리를 절단했고, 스웨덴 의사들은
목발을 만들어 선물했는데 점차 건강을 회복했고 지금은 노
인이 되었지만 스웨덴 의사들의 헌신을 기억하고 있었다. 이
렇게 만들어진 다큐멘터리, '한국전쟁과 스웨덴 사람들' 은
한국과 스웨덴 수교 60주년이 되는 2019년 2월 스웨덴에서
최초로 상영되었다.[69]

---

69) 『조선일보』, 2020. 9. 20.

지난 2017년 9월 13일부터 30일까지 동대신동의 동아대학교 석당미술관에서는 '스웨덴 참전 용사의 눈으로 본 피난수도 이야기'라는 이름으로 서전병원 사진전이 개최된 바 있다. 영도구 태종대 유원지 입구에는 '의료지원단 참전기념비'가 서 있는데, 노르웨이, 덴마크, 인도, 이탈리아, 스웨덴, 독일 등 6개 의료지원국 의료진들의 희생과 공헌을 기리기 위해 1976년 9월에 건립한 것이다.

2) 부산 무료 소아과 병원

2012년 6월 5일자 「부산일보」에 이런 기사가 있었다.

"1951년 6월 11일 부산의 소아병원 해피 마운틴(Happy Mountain). 병원 입구로 가는 가파른 계단을 한 어린이가 힘겹게 오르고 있었다. 목발에 의지한 아이의 오른 쪽 발은 잘려나가고 없다. 병원 입구에는 이런 문구가 적혀 있었다. '다른 모든 위대한 나라처럼, 한국의 미래는 오늘을 살아가는 아이들의 교육과 복지에 달려 있다.' 해피 마운틴은 소아전문병원이자 고아원이었다. 미군은 해피 마운틴을 한국최초의 소아과 병원으로 기록했다. 해피 마운틴은 그 동안 부산향토사에 잘 알려지지 않았던 시설로, 병원의 위치는 정확히 확인되지 않고 있다."

이 기사와 함께 해피 마운틴 관련 두 장의 사진이 소개되어 있었다. 미군이 주둔했던 하야리아 기지를 시민공원으로 조성하고 있는 부산시 시민공원추진단이 2012년 1월 미국문서관리청(NARA)에서 보관해 오던 기록 사진 400장을 입수하여 공개했는데, 여기에 포함되어 있었던 사진이었다.

이 기사와 사진이 흥미로웠으나 다른 분주한 일로 그냥 지나치게 되었는데 6.25 전쟁기 부산에서의 기독교에 관심을 가지면서 다시 이 기사를 읽게 되었고, 이 무료병원의 이력을 추적하게 되었다. 『부산지역 의료 130년사』를 쓴 정규환 신경정신과 의사는 부산지방 의료 혹은 의학사를 연구했는데, 나는 연산동에 위치했던 그의 병원에서 정규환 선생을 만

소아과의원에서 치료중인 우측 다리를 잃은 소년
https://bluewave-esk.tistory.com/15677211

난 일이 있다. 그에 의하면 '부산무료소아과 의원'(Pusan Free Pediatric Medical Clinic)은 1950년 가을 부산시 서구 아미동의 제2병참기지 사령부 소속 '행복산 육아원'에서 시작되었다고 한다. 제2병참기지 사령부 소속인 메컨 대위가 전재(戰災) 고아 환자들을 치료하기 위해 행복산 육아원 일부를 의무실로 만들어 운영한 것이 그 시작이라고 한다. 행복산을 미군은 '해피 마운틴'이라고 번역한 것이다. 이 작은 시작이 1951년 3월에는 재 부산 메소닉 클럽의 원조로 메소닉 클럽과 합동으로 운영하기로 하고 소아과병원으로 확장되었고, 이때부터 '부산무료소아과병원'으로 불리기 시작했다고 한다. 병원 입구에는 국한문 병원이름(Pusan Free Pediatric Medical Clinic, 부산 무료소아과병원)을 내 걸었고, 진료시간은 오전 9시부터 오후 5시까지라고 밝히고 있다. 병원 입구 목재 담벼락에는 이런 글귀가 적혀 있었다. "The Future of Korea, like any other Great Nation, is dependent on the Education and Welfare of its children Today."

1952년 1월에는 다시 '부산아동자선병원'으로 개칭되었고, 부산시, 경상남도 사회사연엽합회, 메소닉 클럽, 그리고 일반 유지들이 연합하여 운영위원회를 구성하고 부산시 소유의 완월동 원사로 이전하였다고 한다. 1953년 12월에는 사단법인을 구성했는데 중심인물이 장기려 박사였다. 1955년 8

월에는 메소닉클럽 주관 하에 기독교세계봉사회 원조와 미군 대한원조사업 (AFAK : Armed Forces Assistance to Korea)의 자제로 부산대학교병원 구내에 100병상 규모의 원사를 건립하였다. 그러다가 1971년 1월 29일 서구 암남동 18번지, 곧 고려신학대학 맞은편의 기독교아동복리회(CCF) 회복병원과 병합하여 '부산아동병원' 으로 개칭되었다.

그런데, 해피 마운틴 곧 행복산 육아원에서 소아과 병원을 시작했을 때의 그 위치가 어디였을까? '아미동'(峨嵋洞)이었다는 사실만 알려져 있기에 아미동의 아름다운교회 김용로 목사를 통해 그 지역 유지들의 자문을 받아보니 그곳은 다름

행복산 육아원 제4회 졸업기념(1954. 3.1), 사진제공: 김정중

아닌 지금 아미동의 '아미 농악단' 건물이 있는 아미로 24번 길 이라고 한다. 본래의 흔적은 사라졌으나 아픔을 치료했던 아름다운 손길이 있었음을 알 수 있다.

행복산 육아원은 원생들을 위해 자체적으로 초등학교 과정을 운영했는데 제4회 졸업사진(1954. 3. 1)이 남아 있어 지난 역사를 뒤돌아보게 해 준다.

3) 전영창과 복음병원의 설립

6.25 전쟁기 설립된 또 하나의 의료기관이 대한예수교장로회 고신총회의 '복음병원' 이다. 처음에는 고신교회와 무관하게 전영창(全永昌, 1917-1976) 선생에 의해 부산시 영도구 남항동 전차종점 인근의 제3영도교회 창고에서 시작되었으나 후에 대한예수교장로회 고신총회로 편입되었고, 1957년에 현재 위치인 송도 암남동 34번지로 이전하였다. 1977년에는 종합병원으로 인가를 받았고, 1980년 고신대학교 의과대학이 설치되면서 대학병원이 되어 오늘에 이르고 있다. 복음병원은 전쟁이 발발한지 6개월가량 지난 1951년 1월 15일 '복음진료소' 라는 이름으로 시작되어 그해 말 곧 12월 23일 '복음의원'으로 개칭되었고. 꼭 1년 후인 1961년 8월 7일부터 '복음병원'으로 불리게 된다.

이 병원은 전영창 선생의 '경남구제회' 로부터 시작된다. 전라도 무주 출신인 전영창(全永昌, 1916-1976)은 미국남장로교의 보이어(Elmer Boyer, 保伊烈, 1893-1976) 선교사의 도움으로 전주 신흥학교에서 수학하고 그 학교 교장이던 윌리엄 린튼(William Linton, 1891-1960)의 주선으로 일본 고베신학교에서 공부하게 된다. 해방 후 주한미국 군종실에서 근무하던 중 미 군목의 도움으로 1947년 미국 필라델피아의 웨스트민스터신학교로 유학을 떠났다. 이 학교에서 1년간 수학 한 다음 미시간 홀란드에 위치한 웨스턴신학교(Western Theological Seminary)로 옮겨가 신학을 공부했다. 이 학교는 미국개혁교회(RCA: Reformed Church in America)가 운영하는 학교였다. 졸업을 불과 두 달 앞두고 있을 때 조국의 전쟁 발발 소식을 듣게 된 그는 졸업을 포기하고 귀국을 결심하게 된다. 웨스턴신학교 교수회는 졸업한 후 귀국토록 종용하였으나 전영창은 전화의 고통 속에 있는 조국을 외면할 수 없다며 자기 뜻을 굽히지 않았다. 이는 마치 라인홀드 니버 집에 체류하며 공부하던 중 전운이 감도는 독일로 돌아갔던 본훼퍼의 경우와 같다. 전영창의 애국심을 보고 큰 감명을 받은 웨스턴신학교는 그의 졸업을 인정해 주고 필요한 곳에 사용하라며 5,000불을 모금해 주었다. 전영창은 주변을 정리하고 미국을 떠나 1951년 1월 9일 미군 수송기를 타고 부산 수영비행장으로 귀국했다. 귀국한 그는 1월 15일 '대한기독교 경남구제회'를 조직하고 부산 제3영도교회에서 구호활동을 시작했는데, 부둣가에서 병든 아이에게 젖을 먹이는 가난한 피난민을 목격하고 병원설립을 결심했다. 이 때 전영창은 노르웨이의료지원단장인 넬슨 의사를 만나게 되는데, 그의 충고가 병원 설립에 대한 확신을 심어주었다. 넬슨 의사는 5,000불로 항생제를 사서 피난민들에게 나누어 주면 얼마못가서 재정이 바닥이 나고 더 이상 일할 수 없으니 그 기금으로 병원을 설립하는 것이 효과적이라고 충고하고, 그럴 경우 매일 50인분의 약을 원조해 주겠다고 제안했다. 그는 또 대형 군용 천막 3개를 지원해 주었다. 그래서 전영창은 1월 15일 부산시 남항동 2가 46, 제3영도교회 구내에 작은 진료소를 세웠는데 이것이 복음병원의 시작이었다. 이때 의사로 초빙된 이가 초량교회 출석하던 여의사 차봉덕 여사였다. 사실상 그가 병원의 첫 의사였다. 평남 평원군 출신인 차봉덕(車鳳德, 1921-?)은 평양 정의여학교를 거쳐 1948년 경성의전(서울여자의과대학)을 졸업하고 이화여대 부속병원에서 수련의로 훈련을 받은 후 1948년 부산교통병원 산부인과 과장으로 일한 바 있다. 1950년 초에 초량동에서 '차산부인과 의원'을 개원하여 운영하던 중 전쟁이 발발하였고 다음 해 1월이 1.4후퇴로 엄청난 피난민들이 부산으로 밀어 닥치게 되자 전영창의 간곡한 요청을 받고 복음진료소에 가담하게 된 것이다. 전영창은 뛰어난 영어실력으로 유엔군과 미군을 찾아 다니며 의약품과 각종 의료용품들을 조달하였고, 또 옥수수와 밀가루, 분유 등 구호품을 얻어 와서 텐트 밖에 솥을 걸고 끓여서 전재민들을 구제했다.

개원 당시의 천막 복음진료소 (1951)

차봉덕 여사는 후에 의사인 황영갑(黃永甲, 1922-?)을 만나 혼인하고 진주로 이거하여 의료활동을 계속했고, 황영갑은 진주교회 장로가 되어 활동하던 중 부인과 함께 미국으로 이민하였다. 황영갑은 『작은 불꽃』이라는 자신의 회고기에서 부산 차봉덕이 전영창과 더불어 복음진료소에서 일한 첫 의사였음을 밝히고 있다.[70] 울산의 고명길 목사는 이런 여러 자료를 근거로 복음병원의 역사를 재검토하여 잊혀진 사실을 바르게 정리한 바 있다. 전영창은 경남구제회 활동과 더불어 복음병원 설립자로 중요한 기여를 하였으나 고신교회의 지도적 인사와의 모종의 불화로 1953년 여름 복음의원을 떠나 거창으로 갔고 거창고등학교를 인수하여 교장으로 일하며 사회적 신망을 얻는 명문학교로 육성하였다.

70) 황영갑, 『작은 불꽃』(류신각, 1982), 357.

필자는 1988년 멜버른의 장로교신학대학(PTC)에서 유학할 당시 초빙교수로 왔던 미국 미시간 주 홀랜드에 위치한 웨스턴신학교 은퇴교수 유진 오스터하벤(Eugene Osterhaven) 교수를 만났다. 내가 한국인이라는 점을 알게 되자 그의 첫 마디가 "영창 전을 아느냐?"고 물었다. 자기의 학생이었다고 했다. 크게 반가운 나머지 "그가 어떤 학생이었느냐"고 물었더니 "그는 특히 스피치를 잘 했다"고 대답했다. 37년이 지났지만 그는 한국인 제자 전영창을 기억하고 있었다. 나는 그에게 전영창은 6.25전쟁 중 병원을 설립했다는 사실을 일러주었다.

4) 일신병원의 설립

6.25 전쟁기 설립된 부산의 대표적인 의료기관은 일신부인병원이었다. 부산시 동구 좌천동에 위치한 이 병원은 부산시민들에게는 아직까지도 종합병원이기 보다는 산부인과 전문병원으로 기억될 만큼 여인들의 피난처로 깊이 자리하고 있다.

일신부인병원이 설립된 것은 한국이 전화에 휩싸여 있던 1952년 9월이었다. 당시 우리나라에 호주장로교 소속 선교사로 내한 했던 두 자매, 헬렌 매켄지(Helen Mackenzie, 1913-2009)와 동생 캐더린 매켄지(Catherine Mackenzie, 1915-2005)에 의해서였다. 매혜란으로 불린 언니 헬렌은 산부인과 의사였고, 매혜영으로 불린 동생 캐드는 조산간호사였다. 이 두 자매는 1910년부터 1938년까지 30여 년간 부산에서 일했던 제임스 노블 메켄지(James Noble Mackenzie, 1865-1956) 목사의 장녀와 차녀였다. 이들은 부산 동구 좌천동에서 자랐고 평양 외국인학교에서 초등교육을 받고 호주로 돌아가 멜버른의 장로교여자중고등학교(PLC: Presbyterian Ladies College)에서 공부한 후 헬렌은 1933년 멜버른대학교 의과대학에서 공부하여 산부인과 의사가 되었고, 동생 캐드는 로얄 멜버른간호학교를 졸업하고 간호사가 되었다. 이 두 자매는 선교사를 자원하여 1945년 중국 쿤밍(昆明)으로 가 일하던 중 중국의 공산화로 1950년 중국에서 추방되었다.

그 때 한국에서 전쟁이 발발했고, 한국으로의 입국이 가능하게 되자 1952년 2월 부산으로 왔고, 그해 9월에 부산진의 일신 유치원 한 구석에서 일신 부인병원을 설립하게 된 것이다. 필자는 1987년 3월 이후 멜버른에서 여러 차례 헬렌을 만난 적이 있는데, 일신병원을 설립하게 된 어떤 계기기 있었느냐고 물어보았다. 그때 헬렌이 들려준 이야기는 전쟁의 아픔을 보는 듯했다. 추운 겨울에 다리(橋) 밑에서 어떤 여인이 변변한 담요 한 장 걸치지 못한 채 출산하는 것을 보고 충격을 받고 산부인과 병원 설립을 서두르게 되었다고 했다. 헬렌은 산부인과 의사였기 때문에 이 일은 그가 할 수 있는 최선의 일이었다. 전쟁의 아픔으로 온 나라가 고통당하고 있을 때 두 자

일신산부인과 설립자 헬렌과 캐드 매켄지 자매, 출처: 일신병원

매가 피난지 부산에서 산부인과 의원을 개설한 것이 지금의 일신병원으로 발전하게 된 것이다. 당시는 전쟁의 상처가 도처에 산재해 있었고, 거리에는 아이들과 보호받지 못한 여인들이 고난의 길을 가고 있을 때였다. 전쟁은 모든 이에게 고통스런 것이지만 특히 여성들에게는 더욱 그러했다. 가족이나 보호자를 잃은 가난한 여인들에게는 더욱 고통스러웠다.

일신병원(日新病院)이라고 할 때, '일신'(日新)이란 말은 '날마다 새롭게'(daily new)라는 뜻인데, 호주선교부가 애용해왔던 이름이었다. 호주 장로교의 초기 선교사였던 멘지스, 니븐, 켈리 등 여 선교사들의 어학선생이었던 박신연(朴信淵)씨가 1895년 10월에 시작한 학교를 1908년부터 '일신여학교'라고 부르게 된데서 유래하였다. 이래저래 '일신' 이라는 이름은 호주장로교와 깊은 관련을 맺는다.

헬렌과 캐드는 결혼을 포기한 채 일생동안 한국에서 봉사했는데, 언니 헬렌은 1952년부터 1976년까지 24년간을, 동생 캐드는 1952년부터 1979년까지 27년간 한국에서 봉사하고 호주 멜버른으로 돌아갔다. 아버지가 노후를 보낸 빅토리아 주 멜버른 교외 발윈(Balwyn)의 그레이가 7번지(7 Grey Street)에서 살았으나 후에는 양노원으로 옮겨가 노후를 보내던 중 캐드는 2005년 2월 10일 90세를 일기로 하나님의 부름을 받았고, 헬렌은 2009년 9월 18일, 96년의 일생을 마감했다. 두 사람의 유해는 화장 한 후 멜버른 근교 코벅그에 있는 묘지공원(Fawkner Crematorium Memorial Park)에 묻혔다.

매켄지 자매를 이어 제2대 의료진으로 내한한 호주 의사가 바바라 마틴(Dr Barbara Martin, 1933-)이었다. 그는 1964년 부산으로 와 1995년까지 30년이 넘는 기간 동안 봉사했다. 일신병원은 소규모의 산부인과 의원으로 출발했으나 이들의 헌신과 봉사, 그리고 동역자들의 후원으로 현재는 기독교 종합병원으로 발전하였고, 양질의 의료진을 갖춘 병원으로 명성을 얻고 있다.

5) 빌 왈레스 기념 침례병원

6.25 전쟁 중 부산에서 시작된 또 하나의 기독교 의료 기관이 침례병원이다. 이 병원은 '왈레스기념 침례병원 Wallace

Memorial Hospital'으로 불려왔는데, 이 병원이 실제로 개원한 것은 1955년 11월이었지만 진료소로 출발한 것은 1951년 11월 22일이었다. 이렇게 보면 전쟁 중 가난한 피난민을 치료하기 위한 구제 의료기관으로 출발한 것임을 알 수 있다.

그렇다면 이 병원이 기념했던 왈레스는 어떤 인물이었을까? 그는 윌리엄 L. 왈레스라고 불리기도 했지만 보통 빌 왈레스(Bill Wallace, 1908-1951)로 불렸는데, 1908년 1월 17일 테네시주 녹스빌에서 의사의 아들로 출생했다. 그는 처음부터 의사가 될 생각은 하지 않았고 자동차나 공학에 관심이 많았다. 그는 브로드웨이침례교회(Broadway Baptist Church)에 출석했는데, 신앙심 깊은 학생이었고, 고등학생인 17세 때인 1925년 7월 5일 자신의 생애를 의사로 헌신하기로 작정하고 의학도의 길을 가게 된다. 그 후 10년간은 의사가 되기 위한 수학의 날들이었다. 테네시대학교를 거쳐 테네시주의 멤피스 의과대학에서 의학을 공부하고 의사가 되었다. 그리고는 녹스빌의 녹스빌병원에서 외과 레지던트 훈련을 받았다. 그의 어머니는 11살 때 사망했고 아버지는 그가 의대를 졸업하기 2년 전에 사망했다. 그에게는 오직 누이(Ruth Lynn)만 남아 있었다.

의료선교사로 살기로 작정했던 그는 남침례교해외선교부(Southern Baptist Foreign Mission Board)에 의료선교사를 자원하였고, 1935년 7월 25일 공식적으로 남중국 우저우(梧州)

의 의료선교사로 지명 되었다. 우저우는 중국남부의 광시좡족(廣西壯族) 자치구의 도시였다. 그는 이곳으로 가 침례교병원이었던 스타우트기념병원(Stout Memorial Hospital)에서 15년간(1935-1951) 의사로 그리고 원장으로 사역했다. 1930년대 초 국제정세가 급변하기 시작했고 특히 일본의 군국주의가 권력을 장악하게 된다. 일본은 세계전쟁에 뛰어들었고 중국에서는 공산주의자들이 권력을 장악했다. 도처에서 분쟁과 전쟁이 일어나 정국이 어수선했다. 심지어는 폭탄이 날아들고 병원도 불안했다. 그러나 빌 왈레스는 포탄이 떨어지는 순간에도 피하지 않고 환자들을 치료하며 수술을 마칠 때까지는 외부 환경에 신경 쓰지 않았다고 한다. 그는 신실한 의사였다.

그런데, 1950년 12월 18일, 감당하기 어려운 시련이 닥쳐왔다. 19일 새벽 3시경 중국 공산당이 병원으로 들이닥쳤고, 치료받아야 할 환자가 있다며 강제로 병원 문을 열게 한 것이다. 그리고는 왈레스를 체포했다. 그는 한 번도 권총을 소지한 적이 없으나 그의 병원 침대 밑에 미리 권총을 갖다 두고는 병원이 공산당 비난집회를 했다며 왈레스를 모함하여 미국 간첩으로 체포한 것이다. 그리고 그에게 온갖 고문을 가했다. 결국 그는 1951년 2월 10일 죽임을 당했다. 공산당은 야만적인 고문을 숨기기 위해 시신을 보여주지 않았다고 한다. 한달 후인 3월 12일(월) 자 「타임 *Time*」는 그의 순교를 현대

의 순교자(Modern Martyr)라는 제목으로 보도했다.[71]

공산군은 범죄를 숨기기 위해 아무도 모르게 매장했으나 후에 묘지를 찾아 그가 평소 즐겨했던 빌립보서 1장 21절, "사는 것이 그리스도이니 죽는 것도 유익하니라" 는 묘비를 세웠

---

71) 기사 전문은 다음과 같다. "Religion: Modern Martyr, Roman Catholics and Southern Baptists are not always close friends. But in the Chinese city of Wuchow, Dr. William L. Wallace, Baptist medical missionary and superintendent of Wuchow's Stout Memorial Hospital, was for 15 years on the best of terms with the Maryknoll priests and sisters whose malaria, skin ulcers and other illnesses he treated. Even during the war years, Dr. Wallace stayed in China and kept on with his work, which Maryknoll's Father Thomas Brack last week called "a vocation of sacrifice and love." Under China's new conquerors, calm, lanky Dr. Wallace, a 42-year-old native of Knoxville, Tenn., continued his work in Wuchow despite the hindrance of the Chinese Communists. His popularity with the Chinese of the Wuchow area was his undoing; Communist propaganda about the wicked Americans could not stand up against his living example. About 3 a.m. last Dec. 19, Communist soldiers knocked at the hospital gate and claimed to have a sick man who needed attention. When the gate opened, they rushed into the grounds, surrounded Dr. Wallace's house, awakened him and searched his quarters. They "found" a pistol under his mattress. Dr. Wallace said he had never had a gun; his servant swore that it had not been in the room before the Communists came. But the Reds took him away to prison in his pajamas, tried to get him to sign a confession. They called a "denunciation meeting," but not one Chinese came forward to condemn him. The Reds then arrested six members of the hospital staff as "reactionary pro-Americans." None of them has been heard from since. Dr. Wallace was paraded through Wuchow and the surrounding countryside carrying a derisive placard, then returned to Wuchow jail when he appeared to be in a state of collapse. Last week the U.S. State Department announced that Dr. Wallace had died in prison on Feb. 10. To the New York Times, Catholic Father Brack wrote a letter of tribute to his Baptist friend: "He was the heart of the Stout Memorial Hospital, interesting himself in every patient, going untiringly from operating room to bedside in a never-ending round of charity ... The only possible sentence the Communists could have passed on him was that he went about doing good. The Maryknoll Fathers of the Wuchow Diocese mourn the loss of Dr. Wallace, whose friendship they esteemed... He will be mourned by thousands of Chinese...""

다. 병원에서 함께 일했던 천주교 메리놀 신부 토마스 브랙 (Thomas Brack)은 왈레스야 말로 희생과 사랑의 사역자였다고 회고했고, 우저우 교구의 메리놀 신부는 왈레스의 죽음을 애도하면서, 언젠가 수많은 중국인들이 그를 애도하게 될 것이라고 말했다.

이처럼 43세의 나이로 중국에서 순교한 왈레스를 기념하기 위한 병원이 부산의 침례병원이었다. 침례병원은 미국인 의사 빌 왈레스의 숭고한 뜻을 기념하고, 6·25 한국전쟁으로 어려움에 처한 한국민을 돕기 위해 1951년 11월 22일 미국남침례교 한국선교회가 부산시 남포동 2가 22번지 부산침례교회에 천막 진료소를 열면서 출발했다. 진료소장은 브리안 의사(N. A. Bryan, MD)였다. 그러다가 1955년에는 영도구 영선동 2가 31번지에서 정식 병원을 개원하였고, 이듬해 4월 초대원장 로버트 라이트 의사(Dr Robert Wright) 의사가 부임했다. 1964년 3월에는 수련병원으로 지정되었는데 남침례교회의 재정 지원으로 부산시 동구 초량 3동 1147-2번지에 80병상의 병원을 신축하고 1968년 11월 1일 이곳으로 이전하였다. 이곳에서 30여 년 간 의료 활동을 전개했던 침례병원은 1999년 12월 1일 금정구 남산동 374-75번지로 이전하였다. 신축병원은 지하2층 지상12층 600병상 규모로 발전하였으나 부산의 외각 지역이라 환자의 접근성이 떨어지는 등 여러 요인으로 경영난에 직면하였고, 의료진 이탈과 임금 체불이 이어지면서 2017년 1월 27일자로 휴원하였고, 7월에는 법원으로부터 파산 선고를 받고 결국 회생하지 못했다. 6.25 전쟁기 피난민을 위한 선한 의지로 출발하여 왈레스기념병원으로 불리던 의료기관의 소멸은 가슴 아픈 종말이었다.

6) 부산아동자선병원

6.25 전쟁 기간 부산에 설립된 의료 기관으로 아동자선병원(Pusan Children's Charity Hospital)이 있다. 아동병원은 부산에만 있는 자선 병원이었다. 전쟁이 발발하자 미국 제2병참기지 사령부 소속으로 부산에 체류하던 메컨 대위가 1950년 가을 전재(戰災) 고아들을 치료하기 위해 부산 서구 아미동의 국립행복산 육아원 구내에 의무실을 열었는데 이것이 후일 부산 자선병원으로 발전했다. 의무실은 얼마 후 부산 메소닉클럽의 후원으로 소아과 의원으로 발전했는데 이것이 앞서 소개한 바 있는 '부산무료소아과의원'이었다. 이 때의 원장이 내과 전문의 정구현 의사였다. 그러다가 1952년 1월 부산시와 경상남도 사회사업 연합회, 그리고 메소닉 클럽과 일반 유지 대표로 운영위원회를 조직하고 부산아동자선병원으로 개칭하고 부산시 소유 건물인 완월동으로 이전하였다.

1953년 5월에는 사단법인을 구성하였는데 이 당시 장기려 박사가 중심이 되었고, 그의 발기 취지문이 남아 있다. 1955년 8월에는 메소닉 클럽 주관으로 '미군대한원조'(AFAK:

부산아동자선 병원(부산 서구 암남동)

Armed Forces Assistance to Korea)의 건축자재 제공과 기독교
세계봉사회(CWS: Church World Service)의 원조로 부산대학
교 병원 구내에 100병상 규모로 건물을 짓고 이곳에서 진료
를 시작했다. 주된 환자가 고아원에 수용되어 있는 아동들이
나 일반 고아들과 극빈 아동들이었다. 이곳 부산아동자선병
원을 위해 영국의 아동구호재단인 SCF(Save the Children
Fund)은 매달 200파운드를 지원하여 주었다. SCF는 1919년
창설된 구호단체인데, 한국에서는 1953년부터 활동했고, 아
동자선병원 외에도 여러 고아원을 후원하고 빈곤아동들에게
장학금을 지원하였다.

　1960년에는 송윤규(宋允奎, 1918-?) 의사가 원장으로 취임했
다. 그는 한국의 초기 신학자인 송창근 박사의 장남인데, 함

경북도 웅기에서 출생했다. 1944년 대구의전을 졸업하고 흥남질소비료공장 부속병원 소아과(1944), 용산철도병원(1951), 유엔군 야전병원(1951), 영연방아동구호재단 진료실(1953)에서 일하고 1955년 미국으로 가 4년간 내과학을 공부하고 귀국한 후 1960년부터 부산아동자선병원장으로 일하고 있었다. 1966년에는 의학박사 학위를 받았다.

1960년대 초 아동자선병원의 현황을 할 수 있는 자료가 남아 있는데, 1963년 11월 1일 당시 미국 메노나이트교회 중앙위원회(MCC)에 보고된 자료이다. 메노나이트 중앙위원회 요원으로 한국에서 일했던 마벨 브랑크(Mabel Brunk)가 작성한 이 문서를 보면, 병원 주소는 부산대학교 병원 구내인 아미동 2가 10번지였고, 원장은 송윤규 박사였다. 입원환자는 60-65명 정도이고 외래환자는 일일평균 50여명이었다고 한다. 직원은 총 62명인데, 종교별로 보면, 천주교인이 10명, 개신교 신자가 24명, 나머지는 비종교인이었다고 한다. 부산아동자선병원은 설립된 이후 1968년까지 어린이 27만 명을 치료해 주었다고 한다.[72] 이 해 11월에는 원장인 송윤규 박사는 새싹회가 수여하는 제12회 소파상을 수상했다.

그러다가 부산 아동자선병원은 1971년 기독교아동복리회(CCF)가 운영하던 '회복의원'과 병합되어 부산아동병원으로 개칭되었고 회복의원이 있던 부산시 서구 암남동 18번지

---

72) 「중앙일보」, 1968. 10. 16.

로 이전하였다. 이곳이 바로 암남동 34번지의 송도 고려신학대학과 마주한 곳이었다. 이렇게 됨으로 아미동의 병원 건물은 국유재산관리법에 따라 부산대학병원에 양도되었다.

여기서 기독교아동복리회의 '회복의원'에 대한 정리가 필요할 것이다. 본래 1955년 서구 초장동에서 '결핵요양소'로 출발했는데, 1957년 7월에는 아미동 2가 126번지로 이전하였고, 1962년 9월에는 서구 암남동 18번지에 4천여 평의 부지를 확보하고 1964년 2월 병원 건축을 시작하여 11월 5일 449평의 건물을 준공하고 1966년 부산아동회복의원으로 개칭했다. 아미동 부산대학병원 구내에 있던 부산아동자선병원은 바로 이 회복의원과 통합한 것이다.

1972년 5월에는 기존 회복의원 부지에 병원을 증축하여 총 건평은 800평에 달했다. 이 병원은 여전히 자선병원이었고 사회복지시설에 수용된 아동들의 무료 치료하였다. 그러나 특별한 조원조달이 어려워 경영난에 직면하였고, 아동복리회의 지원 중단으로 재정난은 가중되었다. 1977년 1월에는 의료보호 2차병원으로 지정되고, 1979년 12월부터는 수련의 병원으로 지정되었으나 경영악화로 1992년 9월 30일 결국 폐쇄되고 말았다. 1980년대 이 병원에서 일했던 의사가 부산 부평교회 박영식 장로였다. 그 동안 장기려, 송윤규, 김동수 박사가 이사장으로 일한 바 있다. 전란의 와중에서 육체의 아픔을 안고 고통당하던 아이들에게 의술을 베풀었던 부산아동자선병원은 40년 간의 사역을 마감하고 역사의 뒤안길로 사라졌다. 사람도 가고 병원 건물도 사라지고 지금은 아파트가 그 자리를 차지하고 있다.

5. 전쟁기 부산에서 일한 선교사들

1) 레이먼드 프로보스트

전쟁기 한국과 부산에서 일한 중요한 선교사가 밥 피어스 (Bob Pierce, 1914-1978)였다. 앞에서 소개한 바 있지만 그는 1950년 10월 전란의 현장에 도착했는데 '월드비전'이라는 이름의 구호단체를 조직한지 한 달 뒤였다. 그가 민간항공기를 타고 온 마지막 인물이었다. 이때부터 12월까지 한국에 머물면서 전도 집회를 열고 전쟁의 참화에서도 소망의 메시지를 전파했다. 그러면서 각종 구호사업을 펼쳐 나갔다. 특히 그는 6.25 전쟁에 대한 중요한 사진과 영화 등 영상기록을 남겼는데, 한국현대사의 생생한 기록물이 되었다.[73] 이런 기록물은 전쟁의 참화를 보여주는 강력한 호소력을 지니고 있다. 사진과 영상 자료는 대부분 자신이 직접 찍었지만 이 일을 도

---

73) 이런 기록물 목록은, 민경배, 『월드 비전 한국 50년 운동사』, 138-9.

와준 인물이 레이몬드 프로보스트(傅禮文, Raymond C. Provost, 1919-1984) 선교사였다. 피어스가 1950년 10월 한국으로 와서 처음 만난 인물이 또한 그였다. 이들은 황무지로 변한 전쟁의 나라 구호의 최전선에서 만난 최초의 전우였다. 이들은 돈독한 우의로 동료가 되어 함께 구호사업을 전개했기에 피어스는 프로보스트를 가리켜, "나의 가장 친근한 친구 중의 한 사람"이라고 불렀다.[74] 프로보스트는 사진기술을 겸한 선교사로서 전쟁 중 구호사업을 전개한 인물인데, 부산을 여러 번 방문했지만 부산을 거점으로 일한 것은 아니었다. 그러나 전란 중 부산지방 기독교를 해명하는데 있어서 그의 역할 또한 무시할 수 없기 때문에 그를 소개하고자 한다.

레이 프로보스트는 제2차 대전 때 통신병으로 일본 오끼나와에서 근무했던 군인이었다. 전쟁이 끝나고 하지 중장을 따라 한국으로 왔고, 한국에서 1년간 통신부서에서 일했다. 이때 전역 후 한국에서 선교사로 일하기로 작정했다. 그러나 일단 펜실베니아주의 화학연구소로 돌아가 일하던 중 자신의 장래사역을 위해 직장을 그만 두고 1946년 가을 프린스톤신학교에 입학했다. 공부를 다 마치지 못했으나 북장로교선교부의 선교사로 영입되어 1948년 4월 18일 내한했다. 그는 선박이 아닌 항공편으로 한국에 파송된 첫 번째 선교사였다.[75]

---

74) 민경배, 149.
75) 마리엘라 프로보스트, 『하나님께 바친 일생』(경주: 문화중고등학교 출판부, 2014), 92.

내한한 그는 연희전문학교에서 화학을 가르치게 되었지만 학생들이 영어를 잘 알지 못해 우선 영어부터 가르쳐야 한다고 생각하고 영어와 성경을 가르쳤고, 주말이 되면 전주로 갔다. 전주 예수병원의 홍보사진을 촬영하기 위해서였다. 그는 사진 작가로도 명성을 얻고 있었고 남장로교 선교사들을 위한 사진 촬영을 해주어 북장로교 선교사들로부터 빈축을 산 일도 있었다. 그러나 이런 과정에서 남장로교 선교사로 전주에 와 있던 마리엘라(Mariella, 1923-2014)를 만나게 되었고, 1952년에는 그와 결혼하게 된다. 마리엘라 탤메이지는 1923년 2월 광주에서 남장로교 선교사 존 탤메이지(John van Neste Talmage, 1884-1964)의 5남2녀 중 막내로 출생했는데, 평양 외국인학교를 거쳐 노스캐롤라이나의 퀸즈대학, 버지니아 의과대학에서 간호학을 공부하고 1948년 8월 내한하여 전주 예수병원에서 간호사로 일하고 있었다.

그런데 한국에서 전쟁이 발발하자 모든 선교사들은 한국을 떠났다. 본국으로 돌아가기도 했고, 잠정적으로 일본으로 피신하기 했다. 그러나 끝까지 한국을 떠나지 않았던 일곱 선교사가 있었는데 그 중에 한 사람이 프로보스트였다. 그래서 그는 밥 피어스를 한국 땅에서 만나게 된 것이다. 전화(戰禍)의 현장에서 프로보스트의 주된 사역은 피난민을 선교부 트럭에 싣고 안전하게 피난시키는 일이었다. 그는 150km거리를 왕래하며 기독교인들을 서울에서 남쪽으로 피난하도록 도왔다.

기독교인들은 인민군들의 제일의 표적이었기 때문이었다. 그는 전쟁이 끝난 후 다시 교회를 일으킬 수 있을 만큼의 기독교인들, 특히 목사들이 남아 있어야 한다고 보았다. 그래서 엄동설한의 강추위 속에서도 몇 주일 동안 거친 도로를 해쳐 가며 차를 몰면서 피난민 구제에 진력하였다. 또 상륙함정 LST(Landing Ship Tank) 마련을 위해 노력하였다. 무엇을 먹고 어디서 자느냐의 문제가 아니라 살아남아야 하는 절박한 상황에서 자신을 돌아볼 여유가 없었다. 그는 이렇게 썼다.

> "우리가 서울을 떠난 마지막 날 밤에는 서울에 있는 모든 것이 다 파괴된 것으로 느꼈다. 실제로 물질적인 소유는 다 사라졌다. … 그러나 그 참담한 어두움 속에서도 우리가 가진 것이 하나 있었다. 그것은 바로 희망이었다. 우리 가슴에 예수 그리스도를 향한 불타는 사랑을 소유하고 있었기 때문이다. 하나님은 내가 이 폐허의 땅에서 일할 곳이 있다고 보아 나를 부르신 것이다. 나는 하나님이 나를 끝까지 지켜주실 것이라 고 믿는다. 이 겨레도 지켜주실 것이다." [76]

프로보스트는 피어스와 동역하였고 피어스가 가지고 온 월드비전 구호금 1만 달러를 가지고 피난민 목사들을 도왔다. 이런 상황에서 그가 촬영한 사진은 한국에서의 참상을 알리는 생생한 정보가 되어 구호기금 모금에 중요한 역할을 했다.

---

76) Bob Pierce, The Evacuator- An Unsung Hero of Two Bloody Wars, and Unknown Document, Oct., 1962, 12쪽.

거제도 포로수용소에서 말씀을 전하는 보켈(옥호열) 선교사,
출처: 배귀희 '옥호열,' 111.

　프로보스트는 1951년 미국으로 돌아가 프린스톤 신학교에서 수학하는 한편 1952년 성탄 직전에는 빌리 그래함 목사의 요청으로 한국에서의 첫 집회 때 동행하게 된다. 빌리 그래함 전도회로부터 가이드 겸 사진작가로 동행해 줄 것을 요청받았기 때문이다. 이것이 빌리 그래함과의 첫 만남이었다. 부산에서 빌리 그래함이 피난민촌 새벽기도회에 참석한 것도 이 때의 일이었다. 프로보스트는 1953년 종전 후 부인과 함께 다시 내한하여 대구에 체류하면서 전후 복구사업, 교육과 사회복지사업에 관여하였다. 미군한국원조단(AFAK)의 협조를 얻어 교회와 학교의 재건을 도왔고, 성광고아원을 설립하고, 경주에 문화중고등학교를 설립했다. 경주에 최초의 종합병원인 경주기독병원을 설립한 것도 프로보스트 선교사였다.

2) 포로선교사 옥호열((Harold Voelkel)

6.25 전쟁기 부산과 거제도 등지에서 포로들을 위해 활동한 선교사가 헤롤드 보켈(Harold Voelkel, 1898-1984) 목사였다. 옥호열(玉鎬烈)이라는 한국이름을 널리 알려진 보켈은 무디 성서학원에서 2년간 성경을 공부했는데 이때 한국선교사였던 스왈른(William L. Swallen, 蘇安論, 1865-1954)을 만나게 되어 한국 선교를 결심하게 된다. 이런 인연으로 스왈른의 딸 거투르드 스왈른(Gertrude Swallen, 1897-1981)과 1928년 8월 결혼하게 된다. 무디성경학교를 졸업 한 후에는 선교사 자격을 얻기 위해 게티스버그의 녹스대학(Knox College)에서 수학하고 사우스 다코다에 있는 휴런대학(Huron College)을 졸업한 후 프린스톤신학교에 입학했다. 이때의 동료가 한경직 목사였다. 후의 일이지만 밥 피어스가 1950년 봄 한국에 왔을 때 그가 아는 이는 보켈 뿐이었다. 이때 보켈은 한경직 목사를 피어스에게 소개하여 두 사람의 선린관계가 형성되었다. 1929년 5월에는 프린스톤신학교를 졸업하게 되는데, 졸업생들이 가장 많은 해였고 미국의 경제공항으로 선교사 후원도 어려운 시기였다. 그럼에도 신학교를 졸업하고 3개월이 지난 8월 아내와 함께 미국북장로교 선교사로 내한하게 된다. 처음에는 안동지역에서 개척 전도 활동을 전개했다. 그러다가 1941년 6월 일제에 의해 강제로 한국을 떠나게 된다. 본국으로 돌아 간 그는 공군군목으로 봉사했다. 그러다가 1946년 11

월 10여명의 동료 선교사들과 함께 다시 내한하여 안동선교부로 돌아가 교회 복구사업을 전개했다. 1948-9년에는 안식년을 보내고 선교지로 돌아온 그는 1949년 서울로 이동하여 NCC사업을 후원했다.

1950년 전쟁이 발발하자 잠시 일본으로 피신했으나 미국 군목의 신분으로 인천상륙작전에 동참하였고, 작전이 성공한 이후 북진하여 그해 10월 29일 평양서문교회에서의 감격적인 예배에 참석할 수 있었다. 그러나 중공군의 개입으로 후퇴한 이후, 보켈은 부산과 거제도를 중심으로 포로 선교에 깊이 관여하게 된다.

여기서 전쟁포로와 포로 수용시설에 대해 소개하는 것이 필요한 것 같다. 전쟁이 시작된 후 7월 초 국군이 최초로 5명의 포로를 잡았는데, 이들은 7월 8일 대전형무소 내에 설치된 포로수용소에 수용되었다. 이것이 첫 포로수용소라고 할 수 있다. 전세가 불리하게 전개되자 대전 포로수용소는 7월 14일 대구로 이동하여 달서구의 효성초등학교에 설치되었는데, '제100 포로수용소'라고 불렸다. 그 후 영천의 제25사단 포로수용소(7월 16일), 영동의 제24사단 포로수용소(7월 19일)가 설치된다. 이곳의 포로들은 후에 대구에 있는 미8군 포로수용소로 이송되었다. 그런데 국군지휘부는 전세의 변동에 따라 포로수용시설을 이전하는 것은 불합리하다고 판단하여 8월 1일에는 부산 영도 해동중학교에 포로수용본소(捕

虜收容本所)를 설치하고 대구에 있던 포로들을 이곳으로 집결시켰다.

전쟁이 계속되자 포로는 점차 증가하게 되는데, 7월 18일에는 부산시 동래구 거제동(거제리라고도 불림)에 포로수용소를 설치하였다. 이 시설은 유엔군 사령부 하의 미 제8군 사령부가 운영하였고, 포로들을 장기적으로 수용하고 관리하기 위한 의도였다. 7월 26일부터 주한 미제8군 사령부 제1포로수용소(Camp EUSAK No.1)라고 명명되었다. 이 포로수용소를 통상 제1포로수용소(POW Enclosure 1)라고 불렀다. 처음에는 24인용 천막을 치고 포로를 수용했으나 점점 확장되어 1만 명까지 수용할 수 있게 되었다. 8월 당시 포로는 1천명에 달했는데, 이들을 이곳에 수용했다. 포로들은 최고의 정보원이었으나 이들을 심문하여 정보를 얻기 위해서는 통역관이 필요했는데 절대적으로 부족했다.

이런 상황에서 부산을 피난처로 삼은 선교사들의 자원봉사에 의존할 수밖에 없었다. 이때까지는 한국군과 미군이 별도의 수용소를 운영했으나 한국군의 작전권이 유엔군 사령관에게 이양되자 포로수용소도 통합할 필요성이 제기되었다. 그리하여 8월 12일에는 한국군이 운영하던 영도의 수용소가 폐쇄되고 거제동에 있는 미8군 수용소로 통합되었다. 수용소가 단일화 되면서 수용소도 5만 명 정도를 수용할 수 있는 시설로 확장되었다. 곧 임시포로수용소에 있던 포로들을 다 이곳으로 집합하여 부산 거제동의 포로수용소는 국군 및 유엔군이 획득한 포로들을 수용 관리하는 시설이 된 것이다.[77]

그런데, 전쟁이 계속되자 포로수가 증가했다. 인천상륙작전 후 인민군 포로가 5만 명이 넘었고, 1950년 10월 말까지 국군 및 유엔군이 관리하는 포로 수는 11만7천여 명에 달했다. 이중 6만2천697명이 부산에 있었다.[78] 1950년 12월 3일 기준으로 포로 수는 14만6천135명에 달했는데, 부산과 거제도에 분산 수용하였으나 시설이 턱없이 부족했고 식량도 부족했다. 당시 거제도에는 28개의 수용 동(棟)이 있었고, 각 수용 동에는 500-800여명의 포로들이 수용되어 있었다. 포로 수가 아군의 수용 및 관리 한계를 초과하는 상황이었음으로 미8군 사령부는 이 문제를 해결하기 위해 제2군수사령부(2nd Logistical Command)를 창설하고 포로 관리를 위하 인력과 장비를 보강하였다. 이때에도 인천에 임시포로수용소가 있었고, 서울 마포형무소에도 포로수집소가 있었으나 이곳에서 절차를 마친 이들은 부산으로 보내졌다. 9월 하순부터 포로들이 집결하게 되자 부산 거제동의 수용소가 확장되었다. 그래도 다 수용할 수 없어 수영에 대밭 제1, 제2, 제3 수용소와 가야리에 가야 제1, 제2, 제3 수용소를 증설하였다.

---

77) 거제시, 『거제도 포로수용소』 (거제시, 2000),
78) 배귀희, 『옥호열』 (숭실대학교 한국기독교문화연구원, 2020), 91.

거제도 포로수용소에서 말씀을 전하는 보켈(옥호열) 선교사,
출처: '월드비전 한국 50년 운동사', 9.

3) 포로선교사 옥호열2

　중공군이 참전하면서 중공군 포로도 발생했다. 첫 포로가
발생한 날은 1950년 10월 25일이었다. 10월 28일에는 평양
에 2개의 포로수용소가 설치되었고, 인천 수용소도 11월 말
까지 5만 명을 수용할 수 있는 시설로 확장할 계획이었다. 그
런데 중공군의 총공세에 밀려 아군이 후퇴하게 되자 평양에
수용되었던 2만4천여 명의 포로가 인천으로 이송되었고, 다
시 남쪽으로 후퇴하게 되자 인천포로수용소마져 운영할 수
없게 되어 이들 중 6만 3천여 명이 부산으로 이송되었다. 그
래서 앞에서 지적한 바처럼 1950년 12월 3일 기준으로 부산
에 집결된 포로 수는 14만6천135명에 달했다.

포로 관리 문제는 심각한 현안이었다. 미 제8군 사령관 리지웨이(Matthew B. Ridgway) 장군은 맥아더 사령관에게 보낸 1951년 1월 6일자 편지에서 전장(戰場)으로부터 멀지 않는 곳에 14만 명의 포로가 존재한다는 사실은 우려스러운 상황이라는 점을 지적하고, 적과 싸우기도 모자라는 병력을 포로경비와 관리에 투입해야 하는 현실적인 문제점, 그리고 수송과 물자의 이동과 관리 등의 문제를 지적하였다. 결국 증가하는 포로들을 안전하게 관리하고, 또 분산 관리하기 위한 논의가 진행되어 제주도로 이전을 검토하였다. 그러나 여러 가지 문제점이 지적되어 제주도 대신 경상남도 거제도가 적합한 포로수용지로 부상했다. 거제도가 섬이기 때문에 포로 관리가 용이하다는 점과 부산으로부터 이동거리가 멀지 않다는 점, 급수 및 식량재배가 가능하다는 점 등이 고려되었다. 그래서 거제도에 포로수용소를 설치하게 된 것이다.

거제도 고현(古縣)을 중심으로 22만 명 정도를 수용할 수 있는 수용소 설치 작업은 1951년 2월 초부터 시작하여 거의 한 달 만에 시설을 마무리했다. 수용소(Camp)의 하부구조는 '구역'(Enclosure), '동'(棟, Compound)으로 나눠지는데, 60, 70, 80, 90으로 나누어지는 '구역'과 그 휘하에 28개 '동'으로 구성되었는데, 1개 '구역'에 약 6천명을 수용할 수 있게 했다. 부산에 있던 포로들은 이 거제 수용소로 이송되기 시작하여 1951년 2월 말에 5만 명의 포로가 이곳으로 이송되었다.

3월 1일에는 주요 본부 및 부대도 거제도로 이동하였고, 3월 말까지 거제도에 이송된 포로는 10만 명에 달했다. 5월 말에는 11만 5천명, 6월 말에는 수용 포로 수가 14만 명을 넘었다.

영등포 수원 원주 재천 대전 하양 등지에 분산되어 있는 포로들은 부산으로 집결되었고, 다시 거제도로 수송된다. 결국 부산에는 병원수용소만 남고 나머지 포로들은 거제도로 이송되었다. '제1포로 수용소' 라는 이름도 거제도 수용소로 넘어갔다. 이렇게 되어 거제도 수용소가 최대의 포로수용소가 된 것이다. 이곳에 가장 많이 수용된 인원은 17만 명에 달했다.[79] 포로경비대대도 거제도로 이동하였는데, 3개의 경비대대(31, 32, 33대대)를 통합하여 포로경비연대를 창설했다. 당시 거제도 인구는 약 10만 명 정도였는데, 포로 수까지 합하면 30만 명에 달하는 인구가 거제도에서 살게 된 것이다. 이런 포로들을 위해 전도했던 선교사가 해롤드 보켈, 곧 옥호열 목사였다.

옥호열 선교사는 부산과 거제도 포로수용소를 정기적으로 방문하고 이들에게 설교하고 전도했다. 그가 처음 거제도로 간 때는 1950년 성탄절 직후였다. 그 이전에 포로로 잡혀왔던 임한상(任漢祥) 목사가 포로들을 위해 신앙지도를 하고 있었는데, 1950년 성탄절에는 비기독교인들을 포함한 4천 명

---

79) 곽안전 선교사는 포로 수는 16만 4천 명에 달했다고 쓰고 있다. Allen D. Clark, *A History of the Church in Korea*, 256.

의 포로들과 함께 성탄 예배를 드리기도 했다. 이때의 상황에
대해 다음과 같이 기록하고 있다.

"1950년 크리스마스 직후 임한상 목사가 속해 있는 포로
수용소 켐프를 처음 방문했다. 그 때 이미 임 목사는 미군을
설득하여 텐트를 준비해 예배처소로 사용하고 있었다. 그곳
에서 정기적으로 예배를 드리고 성경공부를 하는 한편 불신
자를 초청해 모임을 가졌다. 대화 중에 나는 임 목사가 크리
스마스에 4천명의 포로를 모아놓고 야외에서 아름답고 감동
적인 예배를 드렸다는 사실을 알게 되었다. 성경책과 찬송가
가 임 목사에게 제공되었고, 임 목사의 사역은 계속적으로
커지게 되었다. 후에 임 목사는 거제도 포로수용소에서 없어
서는 안 될 존재가 되었다. 수많은 포로들이 예배를 드리고
성경을 공부하는 일에 임 목사는 핵심 인물이었다. 그는 특
히 6개월 동안 포로수용소 병원에서의 사역을 통해 열매 맺
는 전도를 실시하였다. 그의 신실하고도 도전적인 리더십 때
문에 모임에 참석해 복음에 대한 관심을 보이는 포로들의 숫
자가 점차적으로 증가하게 되었다." [80]

옥호열 선교사와 임 목사의 활동에 고무된 유엔 당국은 거
제도 포로수용소 내에서의 종교 활동에 대해 호의적이었다.
수용소는 일종의 또 다른 전쟁터였다. 좌익과 우익의 이데올
로기적 대립은 때로 폭력을 동반하였고, 살인에 이르기까지

---

80) 배귀희, 『옥호열』, 98.

험악한 단계로 발전하기 때문에 적절한 종교교육이 필요하다고 보았다. 이런 상태에서 옥호열의 역할은 중요한 의미를 지니는 것이었다.

4) 포로선교사 옥호열3

거제도에서의 보켈의 포로전도 사역은 1951년 초부터 시작되었다. 1951년 3월부터 종교 활동을 조직화했고, 정기적인 예배 외에도 개인 전도와 상담, 성경학교 프로그램을 준비했다. 그는 한국어를 잘했고, 유창한 북한 엑센트는 인민군 포로들에게 친근감을 더해 주었다. 특히 인민군 출신이라는 이유로 미국인들에게 고문을 당하거나 죽임을 당할 것이라는 공포감에 빠져 있던 포로들의 마음을 진정시켜 주는데 도움을 주었다. 그는 한국을 방문했던 밥 피어스나 빌리 그래함을 초청하여 설교하게 한 일도 있다.

당시 거제도에 수용된 14만 명의 포로 중에서 개신교 신자는 3만여 명, 로마 가톨릭 신자는 1천여 명에 불과했다. 이들을 상대로 공개적인 설교를 하고 개인 전도를 실시했다. 그 결과 수용소 내의 각 구역에 교회 텐트가 설치되었고, 개신교 신자들 중에 집사와 장로를 세웠고 새벽기도회를 시작했다. 출석은 의무나 강제가 아니라 자발적이었다. 옥호열은 일종의 담임목사였다. 그의 사역을 도와주었던 한국인 동역자들이 강신정, 강응무, 김윤찬, 남기종, 박지서, 이대영, 임재수,

그리고 임한상 목사 등이었다. 또 선교사들로는 전 중국선교 사였던 우드베리(E. Woodberry), 감리교의 윌리엄 쇼(W. E. Shaw) 등인데, 부산에서 포로들을 위한 사역을 도와주었던 이 들은 킨슬러(Francis Kinsler), 린튼(William Linton) 목사 등이 었다.

옥호열 목사의 전도와 설교 사역을 통해 결신자들이 생겨 났는데, 1951년 5월부터 1952년 4월까지 1년간 학습 지원자 는 2,402명이었고 학습자는 1,973명, 세례지원자는 1,271명 에 달했으나 실제 세례자는 900명이었다고 한다. 옥호열은 설교와 전도 활동 외에도 성경통신학교를 열고, 이들을 위한 성경학교도 열었는데, 같은 기간 15개소에서 3,883명이 참가 하였다고 한다. 약간 다른 통계도 있는데, 이 성경학교는 5개 월 과정으로 진행하였는데, 등록 포로수는 1,500여명에 달했 고, 이 과정을 이수한 중공군 포로는 308명에 이르렀다고 한 다.[81] 포로중 인민군 회심자는 6천 명에 달했다고 한다. 세례 받은 인민군 출신 포로는 2,266명이었다고 한다.[82]

포로 중 장로교 감리교 혹은 성결교 신학교에 입학하려는 자가 642명에 달했는데, 이중 실제로 신학교에 진학한 130명 을 월드비전이 학비를 지원했다.[83] 이 점에 대하여 옥호열은 이렇게 쓰고 있다.

---

81) 민경배, 『월드 비전 한국 50년 운동사』, 174.
82) 배귀희, 『옥호열』, 105.
83) 민경배, 『월드 비전 한국 50년 운동사』, 174. 175.

"월드 비전이 이 포로수용소에서 한 일이 어떤 것인지 이제 그 결실이 나타나고 있습니다. 하나님께 영광을 돌립니다. 이제 몇 년이 가지 아니하여 이들은 목사 안수를 받고 그리고는 교회의 목회자들이 될 것입니다. 이들은 다 깊은 경건에 쌓여 있으며 헌신적이고 능력이 있으며, 열성이 있고, 주님을 위해서 몸 바칠 결의가 되어 있는 의지의 사람들로 변하였습니다." [84]

물론 이 모든 일이 옥호열 선교사 한사람만의 결실은 아니지만 그는 포로들을 위해 일한 중심인물이었다. 포로 출신으로 후에 신학을 공부하고 전도사나 목사가 된 이는 200명에 이른다고 한다. 그 대표적인 사람이 대한예수교장로회 고신총회의 안광현 목사(고려신학교 10회 졸업), 이응수 목사(고려신학교 23회 졸업), 이춘경 목사(고려신학교 25회 졸업) 등인데 이들은 다 반공 포로 출신이었다. 특히 이춘경(1933-2022) 목사는 황해도 평산에서 출생하여 인민군으로 전쟁에 참여하여 포로가 되었고 거제도 포로수용소에서 지내던 중 보켈 선교사를 통해 기독교 신앙을 받아드렸다. [85] 이승만의 반공 포로 석방 때 수용소를 나온 그는 1962년 부산의 고려신학교에 입학하여 4년간 수학하고 1966년 졸업과 동시에 본과(신학대학원 과정)에서 수학하고 1970년 졸업했다. 졸업 후 대구 서문로교회

---

84) 민경배, 『월드 비전 한국 50년 운동사』, 175.
85) 서지혁, "사선과 삶의 언저리를 넘어 영원한 본향으로," 「월간 포도순」 26(대구 서문로교회, 2020. 2), 30.

전도사를 시작으로 부목사로 봉사하고 1985년 담임목사가 되었고 1999년 10월 은퇴와 함께 원로목사로 추대되었다. 2022년 1월 5일 하나님의 부름을 받았다. 그는『삶의 언저리』라는 자신의 신앙여정에 대한 기록을 남겼다.[86]

국군이었던 전영규(1932-1998)는 인민군으로 오인되어 거제도 포로수용소에 수용되었고, 보켈 선교사를 통해 기독교 신앙을 받아드렸고, 후에 성결교 목사가 되었다. 1957년 경남 김해의 장유성결교회에서 목회를 시작하였고, 2년 후에는 부산의 수정제일교회에서 목회했다.[87]

1953년 옥호열의 보고에 의하면 포로 중 1만4천458명의 결신자가 있었다고 한다. 그의 부인 또한 여군 포로들을 위해 헌신했다. 서울 서대문에 북한여군 포로수용소가 있었다. 보켈의 부인 거트루드 보켈(Gertrude Voelkel)은 1951년 6월부터 이곳을 출입하면서 주일 설교는 물론이지만 주간 평균 6시간 씩 성경공부를 인도했고, 포로들과 인간적인 대화와 교제를 통해 상담하고 위로하여 주었다. 그 결과 109명이 결신하고 60여명은 공산주의를 포기하는 역사가 일어났다고 한다.[88] 종교적인 혹은 선교활동 외에도 모든 포로들에게 구호하고 의류를 공급하고 의료혜택을 베풀었다. 이런 보켈 부인

---

86) 서지혁, "사선과 삶의 언저리를 넘어 영원한 본향으로," 31.
87) 배귀희,『옥호열』, 104-5.
88) 민경배,『월드 비전 한국 50년 운동사』, 175, 배귀희,『옥호열』, 105.

의 사역을 도와주었던 한국인이 김혜수 라는 여성이었다. 정리하면, 16만7천 명의 포로 들 가운데서 7천여 명이 예수 그리스도를 구주로 영접한 것이다.[89]

따지고 보면, 보켈 선교사의 전도와 신앙지도로 반공 기독교 포로의 증가하였고, 이것이 이승만 대통령의 1953년 6월 반공포로 석방이라는 과감한 정책을 감행할 수 있는 계기를 만들었다.

1953년 휴전 협정으로 포로 선교는 막을 내리게 된다. 옥호열 목사는 포로선교에 대한 공로를 인정받아 미국 정부로부터 '자유 훈장'을 수여 받았고, 1961년 한국정부로부터 '문화훈장'을 수여 받았다. 부인 거트루드 보켈은 그간의 공로를 인정받아 1957년 6월 이호 법무부장관으로부터 공로상을 수여받았다. 이들 부부는 한국에서의 사역을 마감하고 1967년 은퇴하였고, 옥호열 선교사는 1976년에는 숭실대학으로부터 명예철학 박사학위를 받았다.

---

89) 민경배, 『월드 비전 한국 50년 운동사』, 176.

6. 구호단체와 선교사들의 구호활동

1) 기독교세계봉사회(CWS)

한국에서 전쟁이 발발하자 열러 외원 단체들이 한국 특히 부산에서 구호활동에 참여하게 되는데, 약 50여개의 민간단체 중에서 기독교 관련 단체는 40여개에 달했다. 말하자면 한국에서 구호활동을 펼친 외국의 구호 기관의 80% 이상이 기독교 관련 단체였음을 알 수 있다. 교파별로도 장로교, 감리교, 침례교를 비롯하여 메노나이트, 퀘이커 등 다양했다. 국가별로는 미국과 캐나다 독일 호주 영국 아일랜드 스위스 벨기에 이탈리아 등이었다. 국가별로 볼 때 미국이 가장 많았다. 이중 가장 큰 규모의 외원조직이 기독교세계봉사회(Church World Service)인데 흔히 CWS로 불렸다. CWS는 미국교회협의회(미국 NCC) 산하단체로 미국 NCC와 WCC의 지원과 협력을 받으며 구호활동을 전개했다.

CWS는 1946년 조직되었는데, 1950년 미국 NCC가 결성되자 NCC의 협력단체가 되었고, 감리교 선교사 빌링스(Bliss W. Billings, 1881-1969)의 책임 하에서 한국에서 구호 활동을 시작했다. 그 후에는 북장로교 선교사 플레처(Archibald G Fletcher, 1881-?)가 책임자가 되었다. CWS가 한국에 관심을 갖게 된 것은 중국에서와 마찬가지로 공산주의자들에 의해 박해 받는 그리스도인들을 보호하고 후원해야 한다는 의무감 때문이었다. CWS는 1947년 북한 공산주의자들의 박해를 피해 월남한 인구를 200만 명 이상으로 추산하고 이들을 구호하기 시작했다. 이들 대부분은 기독교 신자들이라고 보았고, 이들을 위해 식품과 의류품을 지원했다. 즉 6.25 이전까지는 월남한 이들을 구호대상으로 했다.

그러다가 전쟁이 발발하자 전재 난민을 구호하기 시작하는데, 이를 구체적으로 그리고 조직적으로 실행하기 위해 한국 교회 대표들을 초청하여 한국위원회를 조직하게 된다. 1951년 1월 25일 부산 대청동의 부산 중앙교회당에서 각교파 대표자들이 모여 감리교 선교사 찰스 사우어(Charles A. Sauer, 1891-1971)의 사회로 기독교세계봉사회 한국위원회(KCWS: The Korea Church World Service)를 구성하게 된다. 조직을 갖춘 후 한국위원회는 북장로교선교부 대표인 안두화(Edward Adams) 선교사를 미국 본부에 파송하여 한국의 난민 상황을 보고하고 구호물자 지원을 요청하도록 했다. 또 다른 많은 선교사들은 한국을 떠나거나 일본으로 피신했는데 한국에 남아 있던 안두화 선교사는 부산 창고에 남아 있던 구호물자 사용 승인을 얻고 이를 난민에게 보급하였다.

그 동안은 안두화 선교사가 책임자(president)로 일했으나 1951년 2월에는 초대 선교사 아펜젤러의 아들인 헨리 도지 아펜젤러(Henry Dodge Appenzeller, 1958-1953)가 CWS의 사무총장으로 활동했다. 이때 아동복지 담당자가 캐나다인 앤 데이비슨(Ann Davidson)이었고, 산파훈련담당자가 미국인 에디스 골트(고미옥, Edith J. Galt)였다. 골트는 미국 회중교회(Congregational Church of America) 선교사 딸로 중국에서 출생하여 그곳에서 성장했는데, 미국으로 돌아가 간호사가 되어 중국 쿤밍(昆明)으로 돌아 가 일하다가 다시 한국으로 오게 된 선교사였다.[90]

이런 조직을 갖춘 CWS는 의료, 농업기술, 전재민을 위한 간호, 과부와 고아 후원 등 여러 분야에서 후원활동을 전개하였다. 그러다가 1952년부터는 외국민간원조단체연합회(KAVA: The Korean Association of Voluntary Agencies)의 관할 하에서 활동했다. 연합회를 조직할 당시 처음에는 7개 단체에 불과했으나 후에는 49개 단체로 증가되었다. 또 1953년부터는 주한유엔민간원조사령부(UNCACK: The United Nations

---

[90] 고미옥 선교사에 대해서는, 이상규, "잊혀진 선교사 고미옥(高美玉, Edith Golt)," 「e뉴스 한국」(2015. 12. 25).

Civil Assistance Command in Korea)의 통제 하에서 활동하였다. 이렇듯 CWS 전쟁 전 후 한국에서 피난민과 전재민을 위해 봉사했던 대표적인 구호단체였다.[91]

2) 메노나이트중앙위원회(MCC)

메노나이트교회와 메노나이트중앙위원회

메노나이트교회(Mennonite)는 16세기 종교개혁기 메노 시몬스(Menno Simons, 1496-1561)에 의해 화란에서 시작된 재세례파 그룹의 교회인데, 화란 외에도 스위스, 남부독일 등지에서 일어났고, 점차 은밀하게 여러 지역으로 확산되었다. 이들은 평화주의에 입각하여 전쟁과 군복무를 반대하여 국가 권력과 로마 가톨릭, 그리고 프로테스탄트들로부터 탄압을 받았다. 교회역사에서 볼 때 이들만큼 심각한 탄압을 받는 종파가 없었다. 이들은 신교(信敎)의 자유를 찾아 프러시아,[92] 남부 러시아의 우크라이나로 그리고 1780년대 이후에는 미국으로, 1870년대에는 캐나다로 이주하였다. 이들은 자기들의 신앙과 신념을 지키기 위해 어디든 자신들을 받아주는 곳이면 기꺼이 이주하였고, 주로 농업에 종사하며 집단적으로 생

---

91) 이상의 중요 정보는 윤정란, 74-82를 참고하였음.
92) 우리나라에서는 과거부터 영어식 발음으로 '프러시아'라는 이름으로 불렀으나 현재는 원어인 독일어를 기준으로 '프로이센'이라고 부른다. 프로이센은 호엔촐레른 가(家)가 지배했던 독일 북부 지역에 위치한 왕국인데, 공식 명칭은 '프로이센 왕국'(Königreich Preußen)이다. 1701년 1월 18일부터 1918년 11월 9일까지 존속했다.

활하였다.

그러든 중 우크라이나의 메노나이트교도들이 기근으로 커다란 고통을 당하고 있을 때 메노나이트교회와 그리스도 형제교회(Brethren in Christ), 아미쉬(Amish) 등 북미의 15개 교단의 34명의 대표들이 1920년 9월 27일 미국 시카고에 모여 러시아 전역에 사는 굶주린 이들을 구호하기 위한 후원연합체를 조직했는데, 이것이 오늘 MCC라고 부르는 메노나이트중앙위원회(MCC: Mennonite Central Committee)였다. MCC의 3대 사역은 구제, 봉사, 평화사역인데, 본부는 미국의 경우 펜실베니아주의 에크론(Akron)에, 캐나다는 매니토바 주의 위니팩(Winnipeg)에 있다. 메노나이트교도들은 신명기 14

메노나이트중앙위원회 안내 책자

장 29절, "너의 중에 분깃이나 기업이 없는 레위인과 네 성중에 우거하는 객과 및 고아와 과부들로 와서 먹어 배부르게 하라. 그리하면 네 하나님 여호와께서 너의 손으로 하는 범사에 네게 복을 주시리라."는 말씀을 구호(救護)의 지침으로 받아드렸고, "누가 이 세상의 재물을 가지고 형제의 궁핍함을 보고도 도와줄 마음을 닫으면 하나님의 사랑이 어찌 그 속에 거하겠느냐"는 말씀을 구제의 실천적 규범으로 여겼다. MCC는 이 정신에 따라 1920년 조직 이후 세계 도처의 핍절한 이들에게 구호사업을 전개하여 왔다. 1920년에서 25년 어간에는 우크라이나의 기근상태에 있는 이들을 후원했으나 그 후에는 파라과이, 프랑스, 폴란드 등 도처의 메노나이트 공동체에 도움을 베풀었고, 6.25 전쟁 중에는 한국에서 구호사업을 전개하게 된 것이다.

한반도에 전쟁이 발발하자 MCC는 한국을 지원하기 위해 준비했고 한국의 상황을 파악하기 위해 한국입국을 신청하여 1951년 10월 MCC 요원 한 사람을 부산으로 보내 피난민 구호에 대한 기초 자료를 조사하게 했다. 이 조사에 근거하여 1951년 10월 27일 첫 MCC 요원이 내한했는데, 그가 달라스 보렌(Dallas C. Voran, 1920-2002)이었다. 그는 부산으로 입국한 이후 1953년 3월까지 1년 6개월 간 한국에 체류하면서 피난민 구호와 봉사 사업에 관여하였다. 메노나이트계의 벧엘대학(1938-1943) 출신인 그는 1946년 MCC 선교사로 중국으로 파송되어 '세계교회 봉사회'(CWS) 소속으로 4년간 난민 구호 활동을 전개한 바 있다. 그러든 중 한국에 전쟁이 발발하자 MCC 본부는 달라스 보란을 영입하고 그를 한국에 파송하기로 결정한 것이다. 1951년 9월 동경으로 와서 한국 입국 허락을 기다리던 중 입국 허락을 받고 10월 27일 입국하게 된다. 그러나 이때까지 MCC가 한국에서의 활동인가를 받지 못했기 때문에 주한유엔민간원조사령부(UNCACK: The United Nations Civil Assistance Command in Korea) 휘하에서 일하게 된다. '질병과 기아와 불안을 제거하는 구제사역'을 위하여 '자원봉사기관연락사무원'(Voluntary Agency Liaison Officer)라는 직함으로 한국정부 산하의 복지위원회 본부와 UNCACK와 협력했다.

메노나이트교회는 보렌 이후 1971년까지 20년 간 MCC 요원 75명이 한국에서 일했다. 이들은 휴전 이후에도 주로 대구(경산)와 부산지역에서 구제, 교육 사업, 가족-어린이 프로그램, 전쟁 과부들을 위한 재봉교육, 그리고 농촌개선 및 지원 사업 등 여러 분야에서 활동했다.

참고로 부연하면 MCC는 1995년부터는 북한 돕기 위한 사업을 시작하였고, 2018년 4월부터 2019년 3월까지 1년간 북한에 14만4천 개의 고기 통조림을 지원하였다. 이는 전 세계에 지원한 고기통조림 67만899개의 20%를 차지했다. 메노나이트교회는 도움이 필요한 이들에게는, 그가 동족이던 타국인이든, 아군이든 적군이든 구별하지 않았고, 배고픈 자에게는 먹이고 입혀야한다고 생각했다. 이들은 필요한 이들에게는 아낌없이 베풀었다. 이런 정신으로 6.25 전쟁기 한국에서 일한 것이다.

메노나이트중앙위원회의 한국에서의 활동 준비

달라스 보랜에 이어 1952년 5월 말 한국과 부산을 방문한 이가 바일러(J. N. Byler)였다. 그는 MCC본부의 구제사역 책임자이자 극동지역 책임자였다. 그는 10일간 한국에 체류하면서 MCC의 한국에서의 독자적인 사역의 가능성을 타진하기 위해 한국을 방문한 것이다. 당시 남한 인구 2천만 명 중 절반 이상이 도움을 필요로 하고 있었는데, 이들은 전쟁 피난민이거나 전쟁 중 부상당한 이들 혹은 다른 이유의 극빈자들이었다. 전쟁 과부는 30만 명에 달했고, 전쟁 중 남편을 잃은 과부들의 13세 이하의 자녀가 51만7천 명에 달했다. 부모를 잃은 고아는 2만5천6백 명이었다. 그런가 하면 보호받지 못하는 나병 환자는 약 5만 명에 달했다.[93] 이런 현실에서 한국을 돕는 일은 시급한 일이라고 보았다. 그는 자체적인 선교활동의 가능성을 타진하기 위해 민간구제기관의 여러 인사들, 그리고 피난민 수용소와 고아원, 어린이집, 보육원, 병원 등을 방문했다. 그리고 MCC는 한국에서 독자적인 구호사역을

---

93) 손상용, 『메노나이트 선교사이야기』(영남신학대학교출판부, 2021), 76.

시작해야 한다고 인식했고 여러 계획을 추천했다.

이후 MCC는 인접한 일본에 있는 바일러의 후임 극동지역 책임자인 데일 네블(Dale Allen Nebel, 1916-2005)을 여러 차례 파송하여 현지의 필요가 무엇인가를 검토하게 했다. 네블이 처음 한국 부산으로 온 때는 1952년 11월 16일이었다. 그는 이때부터 1953년 7월까지 한국에 체류하면서 MCC 사역의 가능성을 검토했다.

부산으로 온 데일 네블의 임무는 MCC 한국사무소를 확보하는 일이었다. 그는 한국 방문 보고서에서 한국에서 활동하고 있는 구제기관으로는 UNKRA(유엔한국부흥위원단), UN-CACK(주한유엔민간원조사령부), CWS(기독교세계봉사회), CARE,

MCC의 한국개척자, 죄로부터, 데일 네블, 달라스 보란, 데일 위버, 어네스트 레이버. 사진제공: 손상웅

YMCA, YWCA, CCF(기독교아동복리회), SCF(어린이 구호연맹) 등과 같은 외국 자선기관이라고 했다.

이 때(1952. 12월 말) MCC 본부는 의류 12톤과 비누 3톤을 한미구제단(American Relief for Korea)을 통해서 한국으로 보냈고, 이 물자는 UNCACK에서 인수하여 전쟁피난민들에게 분배되었다.

메노나이트중앙위원회 사역자들

한국에서 활동하기 위해 MCC의 파송을 받고 내한한 사실상의 첫 사역자는 1953년 3월 내한한 어네스트 레이버와 데일 위버였다. 이들은 1953년 1월 MCC선교사로 임명되어 일본을 거쳐 미군 군용기를 타고 1953년 3월 6일 부산에 도착했다.

위버는 첫 한국 MCC 지부장으로 임명되었는데, 한국본부 주소는 '부산 부민동 2가 5-9번지'였다. 한국인 주택을 구입하여 약간 수리하여 사무실로 사용하게 된 것이다. 우편물 수납을 위해 '부산우체국 사서함 112호'를 사용했다. 전화는 따로 없이 인접한 미국 감리교 선교부의 부산 416번의 전화를 빌려 사용하고 있었다. 사무실에는 한국인 행정 직원 두 사람을 채용하였다. 주요 정책과 예산 집행은 미국 본부가 관장했고, 프로그램 운용과 예산안 집행은 한국 본부가 맡았다. 그리고 메노나이트교회가 보내는 구호품은 UNCACK, 미국

한국구제회(ARK) 그리고 세계교회봉사회(CWS)를 통해 한국으로 전달되었다.

1953년부터 1954년까지 1년 예산 내역을 보면, 복지, 건강, 교육, 구제를 위한 월 예산이 1,650불, 구제물자는 211,000불에 해당했는데, 식품은 100톤, 의료와 침구 50톤, 비누 5톤, 크리스마스 선물 꾸러미 15톤(7,000개), 원면과 원모 50톤이었다. 그런데 이런 예산 중 직접적인 전도나 교회 사역을 위한 예산은 없었다. 즉 MCC는 메노나이트교회를 선전하거나 교회 설립을 목표하지 않았고, 순수한 구호사역에 집중하였고, 구호 대상자를 기독교 신자로 제한하지 않았음을 알 수 있다. 1953년 10월 이후에는 미국 MCC가 보낸 456톤의 구호물자가 들어왔는데, 식료품이 156톤, 우유가 140톤, 의류 신발 비누가 160톤이었다.[94]

한국에서의 MCC사역은 4가지로 구분될 수 있는데, 이미 내한하여 UNCACK에서 일하는 달라스 보렌의 사역, 메노나이트실업학교 설립을 위한 기초 작업, UNCACK, ARK, 그리고 CWS를 통해 우송된 구호물자 배부, 그리고 한국에서 전개할 예비 사역과 장비의 조달이 그것이었다. 이 중 대구 인근인 경산에 메노나이트실업학교 설립을 위한 준비가 순조롭게 진행되어 학교 부지 매입비로 10,250달러, 학교를 위한 각종 수리비로 1,500달러, 운영 행정 비용과 장비구입비로

---

94) 손상웅, 60.

1,200달러가 소요되었다.[95]

메노나이트중앙위원회의 활동

앞에서 MCC의 조직과 한국에서의 사역의 시원, 초기 사역
자들에 대해 소개했는데 이제 구체적으로 한국전쟁기 MCC
의 초기 사역이 어떠했는가를 몇 가지 항목으로 소개하고자
한다.

첫째, 구호 사역이었다. MCC의 대표적인 활동이 구호 혹
은 구제 활동인데, 이는 사역의 최우선 순위였다. 인간의 가
치와 인간 생명을 소중히 여기는 메노나이트 정신에 따라 굶
주린 이들에게 먹을 것을 주고, 헐벗은 이들에게 입을 것을
주어 생존하게 하는 것이 우선적인 사역이었다. 이것이 바로
식량지원이었다. 지원 규모에 대해서는 다양한 통계가 있다.
전쟁이 끝난 1953년 8월에는 79톤의 구호물자를 보냈는데,
우유와 식품이 중심이었고 그 외 의류 성탄절 선물꾸러미 등
이었다. 이들이 지원 대상은 부산이나 경남지방 뿐만 아니라
서울 인근, 인천과 수원, 38도 선 이북의 화천, 그리고 울릉
도까지 확대되었다. 그것은 MCC가 기독교세계교회 봉사회
(CWS)와 동역했기 때문이었다. 이런 식량 지원 외에도 소고
기 통조림 등을 공급하고 부산과 대구 등지에 우유급식소를
설치하고 어린 아이들의 건강을 지켜 주었다. 구호통조림 통

---

95) 손상웅, 57.

에는 'Food for Relief, In the name of God'이라는 문구를 넣어 무상 공급이라는 점을 알리고, 이를 판매하거나 되팔아서도 안 된다는 점을 밝히고 있다. 무상 구호 식량을 판매하여 특정인이 사유화하지 못하게 하기 위한 조처였다.

둘째, 직업교육이었다. MCC는 고아들의 자립갱생을 위해 직업교육을 실시하기로 하고 1953년 5월 경상북도 경산군 압량면 신천동의 78에이커(약 9만5천평)의 땅과 거기 부속된 27채의 건물을 구입했다. 47에이커의 땅은 운크라(UNKRA)의 지원으로 구입하였고, 논과 밭과 언덕이 있는 31에이커는 한국정부로부터 임대한 것이다.

이곳에서 남자 고아들을 위한 중등과정의 직업교육을 실시하고 졸업 후 사회에 진출하여 살아갈 수 있게 구상한 것이다. 이렇게 시작된 학교가 1953년 10월 개교한 메노나이트실업중고등학교였다. 일차적으로 전쟁고아들을 위한 학교였음으로 학교는 무상교육만이 아니라 의류와 숙식을 제공하는 기숙학교로 출발했다. 첫해에 14명의 고아가 입학했고, 학교교육은 1971년까지 약 20년간 지속되었다. 이 학교에서 교육받은 이들은 600-650명에 달한다. 전쟁 후 한국이 급속도로 산업화 되고 삶의 환경이 개선되자 MCC는 한국보다 더 시급한 도움이 요청되는 베트남으로 물자와 인력을 투자하기로 하고 한국에서 철수했다.

세 번째 사역은, 전쟁미망인들을 위한 자활교육이었다.

6.25 전쟁 기간 중 약 30만 명의 과부가 생겨났는데 이들의 자활을 위한 직업교육은 시급한 과제였다. 그래서 MCC는 1954년 8월 우선 대구 지역에서 직업교육이 필요한 과부들에게 바느질과 재봉틀을 가르치는 사역을 시작했다. 이를 과부 프로젝트(Widows project)라고 불렀다. 실제적으로 재봉틀을 이용하여 바느질을 가르쳤음으로 바느질 프로젝트(Sewing project)로 불리기도 했다. 일정기간 교육이 끝나면 졸업생들이 자신의 재봉틀을 구입하도록 지원하여 주었고, 그렇게 함으로서 자활할 수 있도록 후원해 주었다.

넷째는, 지역사회 후원 프로젝트(Community Service project)였다. 이 프로그램은 1960년 12월 시작되었는데, 농민들을 위한 농업교육 중심이었고 이를 통해 농민들의 정착을 도와주는 사업이었다. 이 프로젝트는 기술학교가 위치한 경상북도 경산에서 시작되었는데, 학교 내에 농촌지도소를 설치하고 이를 거점으로 인근의 10여개 마을 선정하여 농촌생활을 지도했다. 종자 개량, 비료 사용법, 병충해 방지대책, 곡식 재배, 축산기술 교육 등을 실시하였고, 이에 더하여 공중위생, 건강, 영양 섭취 등에 대해서도 가르쳤다. 또 부녀자들을 위해서는 효과적인 요리법, 부엌개선 작업, 가족계획 등에 대해 지도하고 지역 사회 개발에 힘썼다.

다섯째는, 가족 및 어린이 지원프로그램이었다. 이를 Family Child Assistance Program이라고 불렀는데, 1962

년에 시작되었다. MCC는 전쟁 직후 대구에 우유보급소(Milk box)를 설치하고 영양실조로 허덕이는 아이들에게 유유를 공급한 바 있다. 또 구호사역의 일환으로 빈곤층 가정에 식량이나 피복을 제공한 바 있다. 그러나 이런 지원은 단기적이고 근본적인 해결책일 수 없었기 때문에 이보다 발전된 가정 회복을 위하여 가족 및 어린이 지원프로그램을 시행한 것이다. 아동보호 수용시절에 수용된 아이들은 해방 직후 3천여 명에 불과했으나 6.25전쟁 당시는 24,945명으로 증가되었고, 1960년에는 62,697명에 달했다. 고아수가 전쟁기간 보다 증가된 것은 전쟁 고아들만이 아니라 극심한 가난으로 버려진 아이들이 많았기 때문이다. 이런 현실에서 MCC는 가족공동체 회복을 중요한 과제로 인식하여 와해된 가정을 다시 세워주는 일에 관심을 갖게 된 것이다.

메노나이트중앙위원회(MCC)의 여섯째 활동은 '기독교아동보호교육'(CCT: Christian Child care Training)이었다. 그런데 앞에서 소개한 '가족 및 어린이 지원프로그램'이 직접적으로 구호의 대상인 어린아이들을 위한 사역이라고 한다면, 지금 말하는 기독교아동보호 교육은 아동 보호기관에서 일하는 보모들과 봉사자들을 위한 교육 프로그램이었다. 이 프로그램은 전쟁이 끝나고 10년이 지난 1963년 3월부터 시작되었다. 그 동안은 전쟁 피해자들의 구호가 시급했기 때문에 직접적인 물적 구호 혹은 지원(material aid)에 치중했지만, 어느 정도 사회가 안정을 되찾게 되자 장기적인 아동보호교육이 필요하다고 보아 이런 프로그램을 기획하게 된 것이다.

이 프로그램 운영 담당자의 인건비 등 기본 예산은 MCC가 지원했지만 아동보호시설을 지원하는 월드비전(World vision), 기독교아동복리회(CCF: Christian Childrens' Fund), 컴패이션(Compassion), 가톨릭구제회(Catholic Relief Service), 그리고 한미재단(American-Korean Foundation) 등이 운영기금을 출연했다. 이 교육 프로그램은 3개월간 이루어졌는데, 전반기 6주는 강의, 후반 6주는 실습으로 구성되었다. 이렇게 시작된 아동 보호 교육 프로그램은 1968년까지 계속되었다.

이 훈련 프로그램의 실제적인 운영자가 헬렌 티센(Helen Tieszen)이었다. 1954년에서 1957년까지 MCC요원으로 일한 바 있는 그는 1961년부터 1970년까지 다시 한국에서 일하면서 이 사역을 주도하였고, 후에는 서울의 이화여자대학교 아동학과 교수로 활동하며 아동 교육, 아동 복지 등을 가르쳤다.

이상에서 소개한 메노나이트중앙위원회(MCC)는 전화(戰禍)의 와중에 있던 한국과 부산 대구에서 그리고 전후에도 계속 한국에서 구호사역을 감당하였는데, 사역을 시작한 1951년부터 한국에서 사역을 종료한 1971년까지 20년간 75명의 메노나이트 요원들이 한국에서 일했다. 이들은 각종 구호활동, 고아나 극빈아동을 위한 직업교육, 전쟁 과부들을 위한 직업교육, 아동복지사업, 그리고 농촌지도사업을 전개하면서 사랑의 실천, 섬김과 봉사에 대한 모범을 보여 주었다.

3) 기독교아동복리회(CCF)

'기독교아동복리회'(Christian Children's Fund, 이하 CCF)는 '중화아동기금'(China Children's Fund) 라는 이름으로 1938년 10월 미국 버지니아주 리치몬드에서 비영리 구호단체로 시작되었다. 클라크(J. Calvitt Clarke)라는 장로교 목회자와 나글(J. Stewart Nagle)이라는 중국에서 일한 감리교 선교사가 펜실베이니아 주 챔버스버그(Chambersburg)의 한 이발소에서 대화하던 중 중일전쟁으로 인한 중국 난민들과 중국의 굶주린 아이들이 가난과 질병으로 고통당하고 있다는 이야기를 듣고 충격을 받은 클라크 목사가 버지니아 주 리치몬드로 돌아가 중국 아동들을 위한 후원자를 모으는 작업을 시작했다. 이 일이 결실을 맺어 1938년 10월 6일 '중화아동기금' 이라는 조직을 갖추게 되었는데 이것이 CCF의 시작이었다. 1939년 12월 27일에는 모금한 기금 중 1만3천 달러를 중국 광동지역 고아들과 링난대학[96]에 보냈고, 1940년 8월

---

96) 링난대학(嶺南大學)은 미국의 장로교신자들에 의해 1889년 중국 광저우에 설립되었으나 1900년의 의화단 사건으로 인근의 마카오로 잠시 옮겼다가 1904년 다시 광저우에 돌아와 재설립 되었다. 그러나 1938년 광저우가 일본군에게 함락되자 이번에는 컴퍼스를 홍콩으로 잠시 옮겼다. 그런데 4년 후 홍콩마져 일본군에게 점령당하게 되자 관동성과 후난성 중간에 위치한 사오관시로 피난하였다. 그러다가 2차대전이 끝난 후 다시 광저우로 돌아갔다. 그러나 1949년 공산당이 권력을 장악한 이후 고등교육기관을 통제하여 링난대학은 결국 중산

21일에는 다시 1천 달러를 중국아동복지위원회에 보냈다.

이 구호사업이 확장되어 1941년에는 29개 고아원을, 1944년에는 중국의 45개 고아원을 도왔는데 이 해에만 26만3천 달러를 후원했다. 1946년 6월과 7월 클라크 목사는 밀스 목사(Verent Russell Mills)와 함께 중국을 방문하고 21개 고아원을 둘러보면서 중국의 현실을 보게 되었다. 클라크는 중국 광동지역 고아들을 위해 사랑의 손길을 펼쳤으나 1949년 10월 중국이 공산화되고 중국의 반기독교 정책 때문에 1950년 9월 말 이후로는 중국의 고아들을 더 이상 도울 수 없게 되었다. 그래서 중국의 46개 고아원과 고아원에 수용된 5,113명의 아동들, 그리고 2백만 달러에 달하는 재산을 포기하고 중국에서 철수하였다.

이때 아동구호단체 명칭도 동일한 영어 이니셜을 사용하여 1951년 2월 6일자로 기독교아동복리회(CCF)로 변경되었다. 그 후 CCF는 홍콩, 대만, 마카오에 새로운 시설을 설립하고 구호 사업을 계속하였고, 이 사역은 말레시아, 미얀마, 인도, 필리핀으로 확대되는데, 한국에서의 사역은 1948년 10월부터 시작되었다. '기독교아동복리회' 라고 해서 기독교 신자들에게만 도움을 베푼 것은 아니다. 이들은 기독교 신자이든

대학에 편입되고 만다. 링난대학의 임원들은 공산당의 손길이 닿지 않는 홍통에 다시 대학을 설립할 계획을 세우고 홍콩정부의 허락 하에 1978년에 홍콩에 링난대학을 다시 설립하여 홍콩링난대학(香港嶺南大學)으로 존속하고 있다. 〈나무위키 https://namu.wiki/참고함〉.

아니든 구별 없고, 종교나 국적 인종적 차별 없이 도움을 베풀고 재정적인 지원을 하고 있다.

2002년 6월에는 여러 나라에서 사역하고 있는 아동후원단체가 국제적인 연락망(network)을 구성하였고, 2009년 7월 1일에는 기독교아동복리회는 국제어린이재단(Child Fund International)로 개칭되어 오늘이 이르고 있다. 당시 31개 국가에서 1,300만 명 이상의 어린 아이들에게 도움을 주고 있는 단체로 성장하였다.

그렇다면 CCF는 한국에서는 언제부터 사역하게 되었을까? CCF해외사업본부 홍콩사무소 책임자였던 밀즈 목사는 1948년 10월 한국을 방문하고 한국의 3개 고아원, 곧 서울의 구세군 후생원, 구세군 혜천원, 그리고 절제소녀관(후에 연세사회복지관으로 개칭되었다)을 돕기 시작했는데, 이것이 CCF의 한국에서의 사역의 시작이었다. 이들 세 시설에 수용된 아동들은 약 400여명에 달했다. 곧 이어 구세군 후생학원과 안양기독보육원을 후원하였는데 이들 시설에 수용된 아동들은 대부분 공산정권에 반대하여 월남한 사람들의 자녀이거나 월남하던 중 부모를 잃은 고아들이었다. 안양기독보육원은 오긍선 박사가 운영하던 아동보호시설이었다. 오긍선 박사는 한국인 처음으로 경성보육원을 설립했는데, 1930년대 안양시 만안구 안양2동으로 옮기면서 안양기독보육원으로 개칭한 아동보호시설이었다.

밀즈는 CCF의 초기 지도자 중의 한 사람으로 중일전쟁 (1937. 7. 7- 1945. 9. 3)당시 죽어가던 수많은 어린이들의 실상을 보고 그들의 고통과 아픔을 해결하게 위해 노력하여 '고아들의 아버지' 라고 불리기도 했는데, 바로 그의 노력으로 한국에서도 사역을 시작한 것이다. 그는 클라크, 버본 켐프(Verbon E. Kemp)에 이어 1970년 CCF의 제3대 총제가 되었다.

CCF의 한국에서의 사역은 6.25전쟁기에 보다 구체적으로 시행되었다. 전쟁기 고아들이 급증하자 구호가 절실했기 때문이다. 당시에는 전쟁고아들도 있었지만 버려지는 아이들도 적지 않았다. 이런 참혹한 상황을 알게 된 밀즈 목사는 CCF 클라크 총재로부터 일단 5천명에 대한 재정 지원을 약속 받았고, 이 약속을 가지고 1950년 9월 한국으로 왔다. 그는 9.28 서울 수복 때 서울에 입성한 최초의 민간인 가운데 한 사람이었다. 한국에서의 사역은 이렇게 시작되었다.

1951년 4월 부산에서 CCF한국위원회를 조직했는데, 위원은 헨리 아펜젤러(H. D. Appenzeller), 조지 피치(George A. Fitch), 해롤드 레인(Harold Lane), 에드워드 담스(Edward Adams), 존 언더우드(John T. Underwood) 목사, 그리고 오긍선, 이용설 박사였다. 위원장은 사우어(史越, Charles A. Sauer, 1891-1972) 목사였다. 1921년 미국감리교 선교사로 내한한 사우어는 영변, 공주 등지에서 일했고 1941년 3월 강제로 한국

을 떠났으나 1949년 다시 내한하여 교회 복구사업에 헌신했
는데, 그의 아들 로버트 사우어(史路德, Robert G. Sauer,
1925-?) 또한 한국 선교사로 일했다. 초대 지부장은 알렌 시틀
러(Arlene Sitler), 실행 총무는 한국인 노진박(盧鎭璞)이었다.
첫 사무실은 호주장로교 선교사이자 CCF한국위원회 위원인
해롤드 레인(羅禮仁)이 거주하던 부산 동구 좌천동의 사택이었
다(1951. 4- 1953. 3). 후에는 동구 초량동 프랑스영사관이 있던
건너편 건물로 이전하여 약 1년간(1953.3-1954.5) 활동했다.[97]
서울 수복 후에는 사무실이 서울 정동 구세군 본영으로 이전
하였다.

  CCF 한국위원회는 아동보호시설의 CCF 지원 대상 기관
가입 업무를 시작하였고, 부산의 아동보호시설인 새들원, 박
애원, 영아보호시설인 애린원, 순천의 인애원, 대구의 대구육
아원 등을 CCF후원시설로 받아 들였다. 후원 시설은 점차 확
대되었다. 부산의 새들원은 안음전(安音全, 1905-1985) 여사에
의해 설립되었는데[98] CCF의 특별한 지원을 받았다.

---

97) 『CCF 38년사』 (한국어린이 재단, 1986), 55.
98) 1905년 10월 23일 경남 마산에서 출생한 그는 1918년 마산 의신여학교초등과
를 졸업하고 고등과에 진학하였다. 1919년에는 교사 박순천과 선배 최봉선의
영향을 받아 22명의 여학생들과 결사단을 조직하여 만세운동을 전개하였고,
1922년 3월에 마산의신여학교 고등과를 졸업했다. 그 해 4월 일본 히로시마고
등여학교(廣島高等女學校) 5학년에 편입하여 1923년 3월에 졸업하였다. 이어
동경 보육전문학교에서 수학하고 1929년 3월 졸업하였다. 귀국한 그는 1929년
4월부터 1934년 3월까지 마산의 월영유치원에서 보모로 근무하였고, 1934년
4월부터 1938년 3월까지 통영의 양한나(梁漢拏)가 주간하는 진명유치원에서
보모로 일했다. 이후 만주로 가 독립투사들의 유자녀들을 돌보던 중 해방이 되
자 부산으로 돌아와 1945년 11월 1일, 중구 대청동 4가 797번지 국제시장 옆에

이 무렵 부산에는 순교한 목사들의 유족과 그 자녀들을 돕기 위한 미실회(美實會)가 설립되었는데, 부녀자 복지사업의 효시라고 불리기도 한다. 부산 범천동 가야산 아래 미실회 건물이 있었고, 순교자 유가족들이 살고 있었다. 미실회 설립과 운영 또한 CCF의 지원을 받았다. 1953년에는 김응상 나판수 은영기 한정교 홍성유 원장 등 당시 37개 CCF가입시설 원장들을 CCF한국지부와 업무협의를 위한 의도로 기독교아동복리회 한국연합회를 구성하였다. 이런 가운데 피 지원 기관이 확대되어 1955년에는 74개 시설로 증가되었고, 지원받는 아동 수는 9,078명에 이르렀다. 1958년에는 77개 시설, 10,696명이 수혜 대상자였다.

그런데 CCF의 지원시설의 확대, 사무실의 서울 이전 등과 더불어 아동복지 전문학자인 헬렌 티센(Helen Tieszen)의 내한을 계기로 보다 조직화되고 체계화 되었다. 아동들의 생계를 위한 시혜에 머물지 않고 보다 전문적이고 체계적인 프로그램을 개발하고 이를 시행하게 되었다.

CCF는 부산 동래 새들원을 특별히 지원했다. 동래에 토지 10,400평, 건물 515.228평, 그리고 대청동의 토지 152평, 건물 258.97평을 증여했다. 또 송도의 맹인아동들을 위한 시설

아동복지시설인 '새들원'을 설립하였다. 1952년에는 기독교아동복리회(CCF)와 미군의 도움으로 원사를 지금의 위치인 동래구 온천2동 금정산 자락 아래로 옮기게 되었다. 새들원은 1951년 3월 21일 CCF에 가입하여 원조를 받기 시작했는데, 1986년 3월 31일까지 지속되었다. 안음전 여사는 새들원을 설립하고 40여년간 봉사하고 1985년 1월 3일 80세를 일기로 세상을 떠났다.

인 라이트하우스에 토지 736평, 건물 251.79평을 증여했다. 특히 CCF는 부산 송도에 아동병원 건립을 주도했다. CCF는 처음에는 보호받지 못하는 아동들의 의식주 문제 해결을 시급한 과제로 여겼으나 아동들의 의료 문제 해결 또한 중요한 과제로 인식했다. 그래서 1955년 1월 부산 서구 초장동 3-43번지에 부산보건원(Pusan Health Home)을 설립하여 아동의 입원 치료를 시작했다. 그러나 시설이 부족하여 1957년 7월에는 서구 아미동 2의 126번지의 건물을 매입하고 보건원을 이전하였으나 시설 부족 현상을 해결하지 못해 다시 서구 암남동 18번지의 대지 약4천 평을 매입하여 1964년 2월 병원 신축을 시작하였고 그해 11월3일 총건평 449평의 현대식건물을 완성했다. 75명의 아동이 입원하여 치료받을 수 있는 병원이었다. 이것이 부산아동병원이었다.

4) 컴페이션과 기타 구호기관들

컴패이션(Compassion International)은 1952년 미국의 에버렛 스완슨(Everett Swanson) 목사에 의해 시작된 어린이구호 재단이다. 1952년 군인들에게 설교를 하기 위해 한국을 방문했던 스완슨 목사는 거리를 배회하는 고아들과 마주치게 되고, 이들의 처참한 환경에 충격을 받고 이들을 위한 구호사업을 구상하게 된다. 한국의 고아들을 위해 무언가를 해야 한다는 부담을 가지고 미국으로 돌아간 그는 한국에서의 본 현실을 바탕으로 설교하며 전쟁고아들을 위한 기금을 모으기 시작했다. 이것이 캄페이션 창립의 배경이 된다.

당시 스완슨 목사는 십대선교회(YFC)에서 활동했는데, 빌리 그래함과 월드비전의 창립자인 밥 피어스 목사와 교류하며 부흥전도단을 조직하여 순회 부흥집회를 인도하였고 또 이 시기 세계구호위원회(World Relief Commission)에서 활동했다. 이런 연유로 한국을 방문하게 된 것이 컴페이션 창립의 동기가 되었다.

1952년 10월, 강원도 삼척에 소재한 신애원 후원을 시작으로 한국에서 구호활동을 시작했는데, 1954년에는 고아와 후원자를 1:1로 결연하여 개인과 가족, 교회가 한국의 전쟁고아

컴페이션 창시자 스완슨 목사와 두 고아소년, 사진제공: 컴페이션

들을 위해 몇 달러씩 기부할 수 있는 프로그램을 개발하였다. 컴페이션이 지원한 부산의 대표적인 기관이 부산아동자선병원이었다. 이 병원은 70개의 병상과 수술, 치과 치료 및 실험실 작업을 위한 시설을 갖추고 있었는데, 평균 50-60여 명의 어린이가 입원 치료를 받고 있었다.

이런 구호 사업을 전개하는 한편 1956년에는 스완슨 복음전도회(Everett Swanson Evangelistic Association)를 설립하였다. 구호 사업가로 활동했던 스완슨 목사는 1965년 11월 15일, 52세 때 뇌종양으로 세상을 떠났지만 그의 구호와 자선, 선린의 정신은 계승되어 2024년 현재 컴페이션은 29개국에서 활동하고 있고, 230만 명 이상의 어린이들을 후원하고 있다고 한다.

이상 소개한 구호기관 외에도 부산에서 활동한 구호단체로는, 영국아동구호제단(SCF: Save the Children Fund, 1952-1993)이 있다. 1919년 영국에서 제1차 대전 후 곤궁한 상태에 있는 아동을 구하기 위해 설립된 단체인데, 1952년부터 호주의 의료인을 통해 한국에서 사업을 시작했는데, 1954년까지는 의료사업을 전개했다. 부산을 비롯하여 마산, 거제도, 제주도 등지에서 활동했는데, 연평균 90만불의 현금, 110만불의 물자 지원을 했다.

1923년 설립된 캐나다아동구호제단(The Canadian Save the Children Fund)은 한국의 전쟁 피난민 구호를 위해 1952년부터 부산에서 활동했다. 부산에서 사업을 시작하여 양산, 울산, 충무, 밀양으로 확대되었는데, 재정 지원사업, 결연후원사업을 전개했다. 또 스웨덴아동구호연맹(Radda Barnen, Save the Children이란 의미)은 스톡홀름에 본부를 둔 구호제단으로서 1952년부터 부산에서 사역을 시작하여 의료보건, 가정복지 사업을 전개했다.

미국 천주교주교회의 산하 구호단체로서 1943년 조직된 미국가톨릭구제위원회(Catholic Relief Service)는 미군정청의 요청으로 1946년부터 한국에서 활동했는데, 양곡사업, 의료활동, 지역사회 개발 사업 등을 전개했다. 특히 1951년 2월 가톨릭구제위원회 대표 에드워드 스완스트룸 신부가 내한하여 활동했다. 이 때부터 1954년까지 이 단체가 보낸 구호품은 미화 1,500만 불에 해당했다.

그 외에도 홀트아동복지회, 감리교세계선교회(Methodist World Mission), 미국북장로교선교회, 미국 남장로교선교회, 캐나다연합교회선교회, 구세군, 동양선교회(OMS) 등도 전쟁기 한국과 부산에서 활동했다. 전쟁기 구호활동에 참여한 민간 외원단체는 40여개에 달하는데 이중 90% 이상이 기독교계 단체였고, 후원규모도 기독교계가 절대적이었다. 1950년 7월부터 1952년 11월까지 미국 민간단체가 지원한 구호물자를 당시의 미국달러로 환산하여 1천95만2천6백 불에 해당했다고 한다.

5) 구호활동에 나선 선교사들

전쟁기간동안 전선에서는 물리적인 전투가 벌어졌지만, 후방에서는 '기아와 질병'에 맞서는 피난민 구호 전투가 벌어지고 있었다. 전투라고 말한 것은 생존의 갈림길에서의 치열한 현장이었기 때문이다. 많은 이들은 주택과 가족을 잃었고 삶의 터전을 상실했다. 건강한 남자들은 전쟁에 징집되었고, 나이 든 어른들은 남아 있는 가족들을 먹여 살리기 위해 하루하루 노동현장을 찾아야 했다. 여자들과 아이들은 보호받지 못한 채 주리고 기아와 질병에 노출되어 있었다. 인도주의적인 활동은 시급한 과제였다. 바로 이런 현장에서 인도주의적 구호활동을 전개한 이들이 주한 선교사들이었다. 이들은 구호에 필요한 해외 자금을 모금할 수 있었고, 미국이나 국제적인 구호단체와 결연하여 민간 구호 활동을 전개할 수 있었다. 그 중심 지역이 부산이었다. 처음에는 서울을 떠난 피난민은 대전으로 집결하여 대전에는 최대의 난민보호소가 있었다. 그러나 전세가 불리하게 전개되어 대전이 함락되자 다시 대구로, 그리고 부산으로 이동하여 부산이 피난민의 마지막 안식처가 되었다. 따라서 부산이 선교사들의 구호활동의 중심지가 된 것이다. 정부도 이들을 관리하고 보호할 능력을 상실했다. 이런 현실에서 외국 선교사들의 활동은 시급한 요청이었다.

난민 문제에 유엔이 처음 관심을 표명한 것은 개전 한 달이 지난 7월 31일이었다. 유엔은 지원을 결의했고, 그로부터 한 달 후인 9월 1일에는 이승만 대통령이 맥아더 장군에게 서한을 보내 비상식량, 의복, 임시거처를 제공해 달라고 요청했다. 이런 지원이 시급한 현실에서 다소 도움을 준 것은 사실이지만 기독교 외원 단체나 구호 단체의 기여가 큰 역할을 감당했다. 숭실대학교 배귀희 교수는 『옥호열』이라는 책에서 이렇게 썼다.

> "이 무렵 미국 선교사들의 존재는 한국인들의 삶과 기독교도 피난민들의 운명에 엄청난 영향을 끼쳤다. 비록 미국 선교사 수는 얼마 되지 않았지만 그들은 피난민들이 필요로 하는 다양한 자원과 기술을 보유하고 있었다. 차량을 가지고 있었고, 외부의 지원 수단을 확보하고 있었으며, 지역교회들과 관계를 통해 구호 인력을 조직할 수 있었고, 미군 내에서의 영향력을 바탕으로 전시 활동에 대한 특별허가를 얻을 수 있었다." [99]

잠시 부산에서 시작된 일화 한편 소개할까? 부산에서의 구호활동 과정에서 생겨난 말이 '개판 5분전'이라는 말이다. 이 말을 개(犬)들이 뒤엉켜 혼잡한 사태를 말하거나, 상태, 행동 따위가 무질서하고 난잡한 것을 속되게 이르는 말이라고 생각하지만 사실은 전쟁의 아픔이 서려 있는 피난지 부산에서 생겨난 말이다. 구호 단체는 밀크 스테이션을 설치하고 영

---

99) 배귀희, 『옥호열』, 57.

양 결핍으로 고통당하는 아이들에게 우유를 공급한 일도 있지만, 중앙동에서 보수동으로 이어지는 난민촌 주변에 큰 솥을 걸어놓고 때로는 죽을, 때로는 밥을 해서 무료 급식했다. 굶주림에 지친 피난민들은 아침 일직부터 그 주변에 죽 치고 앉아 급식시간을 기다렸다. 더 좋은 자리를 차지하려고 난투가 벌어지기도 했다. 그런데 급식소에서 조리가 다 되어 음식을 급식할 때가 다 되면, 급식소장은 "개판 5분전"이라고 외친다. 여기서 개판이란 밥솥의 뚜껑을 열기(開板) 5분전이라는 뜻이다. 곧 급식이 시작되니 줄을 서라는 신호였다. 이쯤되면 지루하게 기다리던 주린 피난민들은 서로 먼저 밥을 타려고 아우성치며 혼잡한 무질서가 아비규환에 가까운 난장판을 이루었다. 이런 혼란이 개판 5분전부터 시작된다. 가난과 배고픔에 시달렸던 피난지 부산에서의 일이었다.

부산에서 구호활동에 매진했던 대표적인 선교사들이 아담스(Edward Adams, 1895-1965), 켐벨(Archibald Campbell, 1890-1977), 그리고 킨슬러(Francis Kinsler, 1904-1992) 선교사였다. 이들의 한국이름이 차례대로 안두화, 감부열, 권세열이었다. 이들은 모두 미국북장로교 선교사들이었고, 전쟁기 구호활동을 전개했던 중심인물이었다. 안전을 위해 가족은 모두 일본 후쿠오카로 보내고 본인들은 한국에 남아 구호활동을 전개한 것이다. 이들은 긴급구호 프로그램을 만들고 실행했다. 이제 이들의 활동에 대해 소개하고자 한다.

6) 안두화 (Edward A. Adams)

전쟁기 부산을 거점으로 구호활동에 나선 대표적인 선교사는 에드워드 아담스(Edward A. Adams, 1895-1965), 곧 안두화(安斗華) 목사였다. 초대 선교사이자 대구지방 첫 상주 선교사였던 안의와(James Edward Adams, 1867-1929) 목사의 장남인 그는 미국 캔사스에서 출생하였다. 그런데 그는 생후 3개월 때 아버지를 따라 한국으로 왔고 부산에서 영아기를 보내고 1897년 2살 때 대구로 이동하여 대구에서 성장했다. 그러다가 중국 지푸(芝罘, Zhīfú, 지금은 옌타이 煙台)에 있는 선교사 학교에서 중등학교 과정을 마치고 미국으로 가 아버지처럼 매코믹 신학교에서 수학하고 1921년 제2대 선교사로 내한했다. 이때로부터 1963년 한국을 떠나기까지 42년간 한국에서 일했다. 처음에는 황해도 재령에서 사역을 시작하였으나 1925년 대구지부로 이동하였고, 교회개척, 성경학교 운영 등을 관장하였고 후에는 계명기독대학 설립을 주도하였다.

그는 6.25 전쟁 중 본국으로 귀국하지 않고 남아 있던 북장로교 선교부의 6인 중 한 사람이었는데, 전쟁기 아동복리회(CCF)의 위원으로, 그리고 운크라(UNKRA: United Nations Korean Reconstruction Agency) 위원으로 활동했다. 운크라는 '유엔한국부흥위원단'으로 번역되는데, 한국전쟁으로 인해 폐허가 된 한국의 경제를 전쟁 이전의 수준으로 재건하기 위해 1950년 12월 국제연합 산하에 설립되었다. 전쟁기간 동안에는 민간인에 대한 긴급구호에 집중했지만, 전쟁 후에는 산업·교통·통신시설의 사회기반산업의 복구와 주택·의료·교육 등 생활환경 개선에 주력하였다. 특히 안두화 선교사는 '기독교세계봉사회'(CWS: Church World Service) 한국 지부 책임자로 활동했다. 기독교세계봉사회란 미국교회협의회(NCCUSA) 산하 구호조직으로서 해방 후 한국 지부가 설치되었고, 사회개발, 구호 활동을 전개했다. 6.25 전쟁 중에는 전쟁고아와 과부, 그리고 피난민 구호활동을 전개한 단체인데, 안두화는 한국 지부 책임자였다.

안두화는 기독교세계봉사회가 소유한 자원 중 부산 창고에 보관되어 있는 밀과 밀가루, 콩, 옥수수 같은 식량을 피난민들에게 공급하였다. 그는 구호물자를 분배하기 전에 현지의 목사들과 기독교 신자들과 접촉했다. 그 이유는 두 가지였다. 첫째는 효율적인 물자 분배를 위한 인력 조직이 필요했기 때문이었고, 둘째는 지역 주민들에 대한 전도를 위한 것이었다. 일단 군중이 모이면 구호요원들은 기독교인들에게는 식량과 쪽복음서나 신약성경을 제공했고, 비신자들에게는 식량과 기독교 안내서 혹은 교리서를 배포했다. 안두화 선교사는 구호사역이야말로 전쟁 중 복음을 전할 수 있는 가장 탁월한 방법이라고 보았다. 기독교세계봉사회는 구호물자 배부에 있어서 신자와 비신자를 구별하지 않고 평등하게 분배하는 원칙을 고수했지만 기독교인들에게 더 많은 혜택을 준 것은 불가피했다. 많은 미국교회나 독지가들이 기독교 공동체에 지정 기부를 했기 때문이었다. 이런 이유 때문에 전쟁 이후에도 오랫동안 교회는 구호품 나누어 주는 곳으로 인식되었고, 이런 구호활동은 정부나 유엔 기구가 할 수 있는 그 이상의 것이었다.

안두화 선교사는 식량이나 피복의 공급만이 아니라 피난민의 비상 대피에도 도움을 주었다. 이동 수단이 없던 피난민을 위해 지프차나 트럭과 같은 장비를 가지고 이동을 도와주었고, 많은 기독교인들의 피난을 지원하였다. 전쟁 당시 피난민은 군인들에게는 불편한 존재였다. 피난민 행렬에 적군이 숨어 있을 수 있었고, 난민들이 군인의 이동이나 군장비의 이동을 방해하고 있었기 때문이다. 군사작전이 우선이었음으로 피난민들은 귀찮은 존재였다. 이런 형국에서 선교사들이 피난민의 이동을 도와주지 않으면 안 되었다. 그래서 안두화 선교사는 기독교세계봉사회 관할 차량을 이용하여 난민들을 실어 날랐는데, 수일동안 야산에서 야영하던 약 1만명의 피난민을 부산근교의 난민 보호소로 이동시켜주었다.[100]

안두화는 미국북장로교 선교부에 피난민은 "파리 떼처럼 살고 있다"고 보고하면서, 적절한 조치가 없다면 대규모의 전염병이 발생할 수도 있다고 우려했다.[101] 그리고 구호물자

---

100) Edward Adams' Letter to his wife, dated on 9 August, 1950. 배귀희, 『옥호열』, 60.
101) 배귀희, 61.

의 공급 외에도 난민 전도 프로그램을 만들어 목사나 전도자를 난민캠프에 파송하고 남민 캠프에서 살도록 조치했다. 그리고 큰 텐트를 준비하여 임시 예배처로 사용했다.

7) 권세열 (Francis Kinsler)

권세열(權世烈)이라는 한국이름으로 널리 알려진 프란시스 킨슬러(Francis Kinsler, 1904-1992)는 1904년 1월 13일 필라델피아의 저먼 타운(Germantown)에서 아더(Arthur) 킨슬러와 베르타(Bertha)의 아들로 출생했다. 위로 두 누이와 형이 있었다. 형은 후일 목사가 되었고, 두 누이는 한국 선교사로 살았다. 권세열은 1925년 매리빌 대학을 졸업하고

권세열(F. Kinsler) 선교사.
출처: '씨를 뿌리러 나왔더니,' 16.

프린스톤 신학교에 입하여 3년 간 수학하고 1928년 졸업했다. 그해 5월 한국 선교사로 임명을 받고 10월 4일 북장로교 선교사로 내한했다. 평양지부에 배속된 그는 숭실학교에서 1936년까지 성경과 영문학을 가르쳤다. 그의 약혼녀 도로시(권도희, Dorothy Woodruff, 1907-2001)는 1930년 9월 12일 내한하였고, 일주일 후인 18일에는 숭실학교 근처의 매쿤 선교

사의 집 뜰에서 야외 결혼식을 거행했다.

권세열 부부는 성경구락부를 조직하고 거리의 방황하는 이들에게 성경과 한글을 가르치는 '개척구락부' 라는 이름의 교육운동을 시작하여 큰 지지를 받았으나 1940년 일제에 의해 한국에서 추방되었다. 해방 후 선교사들의 내한이 가능해지자 1948년 7월 다시 한국선교사로 재임명을 받고 내한하여 대구 등지에서 활동하며 성경구락부를 조직하고 문맹퇴치, 한글 보급, 성경 교수 등 여러 분야에서 활동했다. 또 장로교신학교와 총회신학교 교수로 신약을 가르쳤고, 1952년에는 총회신학교 교장 대리로 일하기도 했다. 1951년과 1957년에는 주한 북장로교 선교부 대표를 역임했다. 권세열은 한국의 존경받는 선교사로 많은 제자를 양성하고 한국교회를 위해 기여하였다.

특히 그에게 있어서 주요한 사역은 한국 전쟁기 군목 제도 창설과 피난민 구호, 그리고 포로수용소 전도였다. 그는 전쟁기 피난을 가지 않고 부산에 체류했는데, 1950년 10월 5일자 선교보고에서 이렇게 썼다.[102]

"한국에서 전쟁이 발발하자 말자 나는 부산과 그 인근에서 구호사업에 종사하게 되었다. 우리 선교부의 다른 분들은 대구를 중심으로 일하고 있었다. 하나님의 섭리 중에 막대한 양의 세계교회봉사회(Church World Service) 구호품, 곧

---

102) 김득렬 편, 『씨를 뿌리려 나왔더니』, 136.

약 2천 포대의 밀, 콩, 팥, 수백 통의 의류들, 1천 톤이 넘은 기름, 50부대의 솜, 90드럼 이상의 분유, 약간의 비누, 신발, 실을 서울로 가져가지 않고 부산의 창고에 보관 중이었다. 그리고 우리 서울 선교부의 운전기사 한 분이 선교부의 큰 트럭 한 대를 부산으로 가져왔다. 나 역시 좋은 지프차 한 대를 감리교 선교부로부터 빌려 쓰게 되었다. 구호사역에 경험이 있는 후렛쳐(Fletcher) 박사와 그의 동역자들이 부산에 왔으므로 우리는 함께 구호사역을 보다 효과적으로 수행할 수 있었다."

권세열 선교사는 부산의 한 큰 교회에 구호본부를 설치하고, 1950년 7월부터 3개월 동안 곤핍한 이들에게 구호하고 그들을 도왔다. 그래서 6만 명의 피난민들에게 도움을 줄 수 있었다. 날씨가 추워짐에 따라 선교부가 보관하던 솜을 가지고 1천개의 이불을 만들어 아기를 가진 가정에 분배했다. 구호품을 트럭에 싣고 시골교회로 순회하며 구호품을 분배하기도 했다. 이상이 1950년 10월 5일에 쓴 보고서의 내용이다. 1950년 11월 1일자로 서울에서 쓴 선교 보고에서는 이렇게 증언하고 있다.[103]

"한국에 남기고 간 공산군들의 잔악상은 다 열거할 수가 없다. 나는 폐허가 된 도시들과 잿더미로 변한 가옥들, 파손되어 버려진 승용차, 지프차, 트럭들, 그리고 왜관, 김천, 대

---

103) 김득렬 편, 『씨를 뿌리려 나왔더니』, 140-1.

전, 서울, 사리원, 그리고 평양에 버려진 탱크들을 보았다. 그런데 공산군들이 가져온 최악의 파괴는 육안으로 볼 수 없는 것들이다. 그것들은 한국인의 경험 속에서 그리고 그들이 당한 재난과 위협과 사랑하는 가족들이 한밤중에 불려나간 후 영영 무소식이 된 그들의 이야기에서 찾을 수 있다. 공산군들은 총을 가지고 들어와서 식량과 의류를 탈취한 뒤 개별적으로 불러내어 처형하였다. 안심하고 지낼 사람은 아무도 없었고, 조금이라도 이상하게 보이면 모두 처형되었다."

그런가 하면, 평양에서는 20여명의 장로교 목사들이 행방불명이 되었고, 사라진 사람까지 다 합하면 2만 명이 더 될 것이라고 말하면서, "나는 철의 장막 뒤를 보았고, 그 참상에 전율하였다" 라고 쓰고 있다.

권세열 선교사는 미국의 교회와 개인으로부터 구호품을 인계 받아 구호활동을 계속했는데, 그가 남긴 보고서는 전쟁 당시 한국과 부산의 상항에 대한 소중한 정보를 주고 있다. 1951년 2월 15일자로 작성한 보고에서는 전쟁이 발발한지 7개월이 지난 때의 피해상황에 대한 정보를 담고 있다.

"남한에서 피살되거나 행방불명된 목사수: 장로교 136명, 감리교 24명, 북한에서 피살되거나 행방불명된 목사 수 장로교 111명, 감리교 31명, 그리고 남북한을 합쳐서 성결교 목사 6인, 구세군 사관 4명, 성공회 신부 6명, 로마가톨릭 80

명, 외국인 선교사 32명, YM, YW총무 7명, Y직원 1명이 피살되거나 행불자가 되었다고 했다. 다 합치면 438명이나 피살되거나 행방불면된 것이다. 또 남한의 피해자는 47만 명이라고 기록하고 있다. 정확한 통계는 아닐 수 있으나 그것이 선교사 사회에 알려진 통계였다고 할 수 있다. 제주도에는 1만2천 명의 기독교인들이 제주도로 피난을 갔고, 이중 목사는 400여명으로 목회자 가족은 1천7백 명에 달한다고 보고했다.[104] 제주도로 간 피난민들이 제주도에 40여 교회를 개척하였다고 한다." [105]

1953년 8월에 기록한 보고서에서는, 3년간의 전쟁에서의 교회의 피해 상황에 대해 보고하고 있는데, 500여 명의 목사들이 무자비하게 살해되었고, 파괴된 교회 수는 1천여 교회, 과부가 된 이가 10만 명, 전쟁고아가 20만 명, 파괴된 가옥 50만호, 시민 사상자 1백만 명, 전쟁 피난민은 900만 명에 이르고, 북한땅에서 공산정권에 의해 살해된 사람들은 헤아릴 수 없이 많다고 보고하고 있다. 권세열은 부산에 거주하면서도 서울을 왕래하기도 했는데. 1951년 6월 11일 주일에는 부산영락교회에서 설교했다.[106] 그는 이렇게 말한다.

---

104) 김득렬 편, 『씨를 뿌리려 나왔더니』, 144, 147.
105) 권세열의 1951년 11일 7일자 보고, 김득렬 편, 『씨를 뿌리려 나왔더니』, 155.
106) 권세열은 1951년 6월16일(토요일)자 선교보고에서 "지난 주일 부산영락교회에서 설교하는 특권을 누렸다"고 썼는데(김득렬 편, 『씨를 뿌리려 나왔더니』, 153), 지난 주일은 6월 11일이 된다.

"그 교회(영락교회를 의미함)는 서울에서 회집되던 잘 알려진 피난민교회였고, 지금은 피난민 생활을 부산에서 다시 시작하는 피난민교회로서, 서울의 담임목사를 계속 모시고 주일학교와 청년부 등도 본래대로 운영하면서 모이는 교회이다. 주일 아침예배에는 500여 명에서 1천여 명에 이르는 이들이 참석하고 있다. 그 밖의 다른 서울교회들도 피난지 부산에서 재조직하여 전시 중심지의 바쁜 여건 중에서 교회생활을 하고 있다."

권세열 목사는 부산에서 약 2년간 구호활동을 전개하며 대구 혹은 서울 등지를 순회했는데, 대구에서 시작된 총회신학교 신약학 교수로 일하면서 빈번하게 대구를 방문했다. 그러다가 신학교 교장 감부열 선교사가 안식년을 떠나게 되자 권세열 목사가 교장 서리로 임명되어 대구가 그의 선교 거점이 되었다. 1952년 9월 대구로 이동한 그는 1952년 9월 30일자로 "한국을 사랑하는 친구들에게" 쓴 보고에서 이렇게 썼다.

"지난 2년간 여러분들이 보내주셔서 받은 의류품과 식품들은 우리의 한국 친구들에게 가장 적절한 것이었습니다. 진심으로 우리는 선물을 보내주신 분들에게 감사드리며, 우리의 한국인 친구들도 충심으로 감사하고 있습니다. 우리는 더 이상 구호를 요청하고 싶지 않지만 전쟁은 끝나지 않고 계속되고 있습니다. 상황은 나아지지 않고 있고, 겨울이 다가 오고 있습니다. 그래서 우리들은 많은 한국인들이 당면한 문제들을 적어 보내 드리려고 합니다."

그는 신학교 사정을 말한 다음 대구와 인근의 20여개 처의 고아원[107]을 지원하고 있다는 점을 말하면서 먹을 것과 입을 것이 부족하고, 선교부가 지원하는 모자원과 과부들을 위한 시설에서도 형편은 동일하다고 말하면서 계속적인 후원을 요청하고 있다. 특히 금년(1952)은 전에 없던 혹한의 추위로 어려움을 겪을 것으로 예상하면서 이루 셀 수없는 많은 가정이 작은 오두막이나 판자집, 천막, 임시 은신처에서 생활하고 있다고 하면서 그들은 기아와 궁핍, 기다림으로 지쳐 있다고 호소했다. 구호품을 접수할 수 있는 주소지로 샌프란시스코의 장로교 선교부(APO 234, San Francisco)와 '대구시 남산동 1번지의 장로교선교부' 라고 소개하고 있다.[108]

그로부터 8개월이 지난 1953년 5월 22일자 편지에서는 많은 구호품을 보내준 것을 감사하면서, 약 5천개의 구포품 소포를 받아, 고아원과 모자원, 피난민 수용소, 양노원, 약한 교회, 그리고 학생들에게 전달했다고 한다. 금전적인 지원금으로는 새로운 구호사업을 시작했고, 미국으로부터 보내오는 엄청난 사랑에 감사하다고 말했다.

권세열 선교사의 중요한 사역은 성경구락부 운동, 곧 가난

---

107) 당시 대구에는 100여개의 고아원이 있었다고 한다. 마리엘라, 프로보스트, 『하나님께 바친 일생』, 126.
108) 김득렬 편, 『씨를 뿌리려 나왔더니』, 162.

한 아동들과 청소년들을 위한 교육운동이었다. 그 결과 1백만 여 명의 저소득의 청소년들을 교육했고, 54개의 성경구락부를 정규중고등학교로 발전시켰고, 100여개 처 교회를 설립하였고, 신학교 교수로 사역하면서 그의 영향으로 200여명이 목사가 된 것으로 알려져 있다. 그가 전쟁 기간 중 한국에 남아 있었기 때문에 현실적 요구에 부응하여 피난민들을 위한 구호사역을 전개한 것이다. 그는 전쟁의 와중에서 한국의 그리스도인들이 당하는 고난과 아픔을 보았으나 그럼에도 불구하고 한국에는 희망이 있다고 보았다. 휴전이 되고 한 달 후인 1953년 8월에 쓴 선교보고에서 이렇게 썼다.

"실로 한국의 현실은 비참함과 파괴, 유린된 전쟁터, 그리고 공산주의의 위협으로 인하여 어두운 면이 없지 않으나, 역사상 가장 놀라운 신앙운동인 기독교의 믿음, 소망, 사랑의 밝은 면이 있다." [109]

이상과 같은 헌신적인 봉사에 대하여 대한민국 정부는 권세열 선교사에게 아래와 같은 내용의 문화훈장을 수여한 바 있다.

---

[109] "There is a dark side to the picture of Korea with its misery and destruction, its devastated battlefields and the threat of communism: but there is also the bright side of Christian faith, and hope, and love in what is one of the most remarkable Christian movements in history." 김득렬 편, 『씨를 뿌리려 나왔더니』, 186.

미합중국 프랜시드 킨슬러.

위는 1928년 이래 대한예수교장로회 파견 선교사로 봉직하는 동안 종교 활동을 통하여 우리나라 국민의 심령개발과 교육 발전을 위하여 헌신적으로 노력하였음은 물론 6.25 동란으로 인한 전재민과 고아의 구호사업을 전개하는 한편 고아원과 모자원을 설립하여 이들의 보호 육성에 눈부신 활동을 하는 등 우리나라 육영사업 및 사회복지 향상에 참여 한 공적이 현저함으로 대한민국 헌법이 부여한 대통령의 권한에 의하여 이에 문화훈장 국민장을 수여함.

1965년 2월 19일
대통령 박정희. 국무총리 정일권

권세열 선교사는 한국에서 43년간 일하고 1970년 9월 14일 정년으로 은퇴하여 본국으로 돌아갔고, 그로부터 22년이 지난 1992년 1월 9일 89세로 하나님의 부름을 받았다.

8) 밥 피어스(Bob Pierce)와 하워드 마펫(Dr. H. Moffett)

피난민을 구제하고 선교했던 밥 피어스에 대해서는 이미 소개한 바 있지만 좀 더 정리해 두고자 한다. 한국전쟁 직전 한국을 방문했던 그는 전쟁이 발발하자 피난민 실태를 조사하기 위해 다시 한국을 방문했다. 이때 한국의 전쟁 실상과 참담한 현실을 보고 전쟁 피난민에 대한 보고서를 발표했다. 집단 학살된 후 방치된 기독교인들, 고아들과 과부들, 버려진 아이들의 딱한 현실을 보과면서 "이 글이 독자들에게 공분과 동정을 불러일으키기를 원한다"고 썼다. 그리고 그가 목격한 피난민의 고통과 처참한 참상을 보고 구호단체를 설립하게 되는데 그것이 1950년 9월 22일 조직된 월드 비전(World Vision)이었다. 이 조직은 그 이후 가장 큰 기독교 구제 기관으로 성장했다. 그는 보고서 작성 외에도 두 편의 다큐멘터리를 제작했는데, 첫 번째 영상이 '38선'(The 38th Parallel)이었는데, 전쟁이 발발하기 전의 한국의 분단 상황에 대한 영화였다. 두 번째 영상이 1952년 제작된 '불꽃'(The Flame)인데, 이 기록 영화는 "시대를 초월하여 한국 전쟁에 대한 가장 주목할 만한 기독교 영상물"이라는 찬사를 받았다. 피얼스는 이 영상을 미국 전역의 교회나 기독교 기관에서 상영하고 난민들과 한국의 고아들을 돕기 위한 후원을 요청했다. 이런 노력의 결과로 미국 전역에서 후원자를 얻게 되었고 월드 비전의 어린이를 위한 프로그램을 운영하게 되었다. 전쟁 중과 전쟁 이후 월드비전은 한국의 많은 고아원을 지원하고 고아들을 양육했다.

구호활동을 전개한 또한 사람이 하워드 마펫(Howard Moffett, 1917-2013)이었다. 초대 선교사 사무엘 마펫(Samuel Moffett, 1864-1939)의 4남으로 평양에서 출생하여 17세까지 한국에서 성장한 하워드는 미국에서 의학을 공부하여 의사가 되었고, 1948년 31세의 나이에 미국 북장로교 의료선교사로 한국에 왔다. 대구동산병원에서 의료선교사로 활동하던 중 6.25 전쟁이 발발하자 다시 해군에 입대하여 군의관으로 봉사했다. 그는 이미 군 복무를 마쳤으나 다시 군 복무를 자원한 것이다. 9. 28 서울 수복이후 평양까지 가서 한국교회 재건을 위해 노력했던 인물인데, 의료 분야에서 구호 활동을 전개했다. 그는 아스피린, 페니실린 등 의약품을 제공하고 피난민을 구호했다. 의료활동은 난민들에게 가장 시급한 요청이었기에 그는 이런 필요에 응답한 것이다. 또 하워드는 의료활동 외에도 · 교육 · 사회봉사 사업에 필요한 재원을 마련하기 위해 모금운동을 전개하였고, 전쟁 이후 고아와 난민, 전쟁 미망인들에게 무료진료를 실시했다. 이런 그의 노력이 많은 이들의 생명을 구했다. 1953년 9월 제대 후 다시 의학을 공부하고 1956년 재 내한하여 대구 동산병원에서 일했다. 1959년에는 동산병원장에 취임하였고, 학교법인 계명기독대학 이사장, 계명대학교 동산의료원 협동의료원장 등을 역임하면서 45년간 한국에서 봉사했다. 불과 60병상이던 동산병원을 1000여 병상의 대형 의료원으로 발전시킨 것이 바로 하워드였다. 그는 2013년 6월 2일, 97세 나이로 미국 산타 바바라에서 하나님의 부름을 받았는데, 유언에 따라 아내 마가렛 마펫 여사와 함께 그해 9월 25일 계명대 동산의료원 은혜정원에 안장되었다.

9) 최의손 (William H. Chisholm)

부산 거제동에서 포로들을 대상으로 구호 및 선교활동을 전개한 또 한 사람이 윌리엄 치숌(William H. Chisholm, 1894-1951), 곧 최의손 선교사였다. 1894년 미시간 주 에머슨(Emerson)에서 1894년 2월 1일 출생한 최의손은 치과의사가 되어 샌프란시스코 해군병원에서 근무하던 중 한국에 의료선교사가 필요하다는 소식을 듣고 미국북장로교 해외선교부에 의료선교사를 자원하여, 1923년 10월 9일 부인 베르타(Bertha Cowell)와 함께 북장로교 의료선교사로 내한했다. 평북 선천지부로 배속된 그는 미동병원(美東病院, In His Name Hospital) 제 3대 원장으로 부임하여 1940년 3월 한국에서 떠나기까지 16년간 활동했다.

미국에서 1920년대 이후 신학논쟁이 일어나고 그 결과 북장로교에서 분리하여 1936년 6월 '정통장로교'(OPC)가 조직되었는데, 최의손은 1940년 3월 북장로교를 탈퇴하고 정통장로교로 이적하면서 병원장 직을 사임하게 된다. 그는 사회적 약자에게 관심을 가졌던 의사였고, 직접적인 복음전도에 관심을 가졌던 선교사였다. 그래서 그는 선천과 그 주변을 순회하며 전도활동을 전개하였다. 그러다가 전운이 감도는 시기 출국을 권고 받고 1940년 3월 한국을 떠나 미국으로 돌아갔다.

그는 미동병원에서 일하는 기간 동안의 자신의 의료활동 경험을 나누기 위해 뉴욕에서 발행되던 주일학교 신문(*Sunday*

School Times)에 한국에서의 의료활동에 대해 기고 한 바 있는
데, 이 원고는 1938년 단행본으로 출판되었다. 그것이 『한국
에서의 생생한 경험 *Vivid Experiences in Korea*』이란 책
이다. 그 이후 이 책은 여러 판본으로 거듭 출간되었는데,
2006년에는 『청진기와 성경에 담긴 새 생명』(한국기독교역
사박물관)이라는 제목으로 재 출간되었다.

그런데, 1940년 한국을 떠난 이후 다시 돌아오지 못했던 그
는 1947년 독립선교사로 내한하였고 부산에서 활동하게 된
다. 이 기간 동안 고려신학교와 부민동의 고려고등성경학교
에서 가르쳤다. 그러든 중 6.25 전쟁이 발발하였는데, 이 기
간 동안 부산에서 포로선교에 헌신하게 된다. 그에게 있어서
구제활동은 물질적 측면에서 볼 때는 미약했다. 도리어 의료
지원이 그의 중심 사역이었다. 그럼에도 불구하고 전쟁 포로
들을 진정한 형재에로 대하면서 그들의 필요를 체워주고자
노력했다. 그의 포로 전도에 대해서는 대한예수교장로회 계
약측의 서울 신촌 창광교회의 이병규 목사의 증언이 남아 있
다. 창광교회의 「빛의 소리」 1996년 5호에 게재된 그의 증
언에 의하면, 그가 부산에 체류할 때 최의손 선교사와 더불어
포로들을 위해 전도했다고 한다. 그는 이렇게 말한다.

"6.25 사변 때 포로수용소가 두 곳 있었는데 거제도 거제
리라는 곳에 하나 있었고 또 부산 동래 거제리라고 하는 곳

에 하나 있었다. 부산 거제리 포로수용소에 최의손 선교사와 목사님 몇 분이 약 2년간 전도 했다. 그중에 처음에는 다 인민군으로 나왔으니까 믿는다고 하지 못하고 나왔지만 우리가 전도하는 가운데서 많은 사람들이 예수님을 믿고 또 성경책도 많이 배부를 했고 수용소 안에 들어가서 성경공부도 시켰다. 그래서 그분들이 이승만 대통령이 포로 석방할 때 한국에 많이 석방돼서 신학교 하고 목사 된 사람도 많다. 포로수용소에서 전도한 보람을 느끼고 있고 여자들도 포로가 있었는데 그분들도 석방이 되어서 전도부인(전도사)으로 일하며 교회에 충성하는 사람도 많이 있었다."

10) 기독교세계봉사회와 헨리 D. 아펜젤러 박사

6.25 전쟁이 발발하자 많은 외원기관들이 우리나라를 원조하기 시작했다. 여러 외원 기관 중 기독교계가 절대적 다수를 차지했고 대표적인 기독교계 구호 단체가 기독교아동복리회(CCF, Christian Children's Fund), 선명회(World Vision), 홀트아동복지회(Holt Adoption Program), 컴페이손(Compassion), 메노나이트중앙위원회(MCC, Mennonite Central Committee), 기독교세계봉사회(CWS: Church World Service) 등이었다. 앞의 4단체는 주로 고아들을 대상으로 했지만 나머지 단체는 전 계층의 극빈자를 대상으로 하고 있었다. 이 외에도 여러 구호 단체가 부산에 본부를 두고 구호 사역을 감당했지만 가장 대표적인 단체가 기독교세계봉사회(CWS)였다.

앞에서 설명했듯이 기독교세계봉사회는 2차 대전 이후 경제적인 어려움을 겪고 있는 중국과 유럽의 국가들을 돕기 위한 목적에서 1946년 북미외국선교협회, 미국연방기독교교회협의회, 세계교회협의회 미국위원회 등 3개 단체가 공동으로 설립한 구호단체였다. 이 단체는 미국 개신교회의 구호활동을 대변하고 대표하는 기구였는데, 1951~63년에 미국교회협의회(NCC)의 한 부서였다가, 1964년부터 독립한 범세계적 구제 및 재활단체라고 할 수 있다. 기독교세계봉사회의 한국지회가 설립된 때는 1949년 4월이었다.

기독교세계봉사회는 한국 지부가 조직되기 전부터 활동했는데, 첫 책임자는 감리교의 빌링스(Bliss Billings, 변영서)였다. 그 후에는 대구의 동산병원 원장을 역임했던 플레처(A.G. Fletcher) 의사였다. 그 이후 한국지부가가 조직되면서 구호사역을 관장하도록 미국교회연합회(NCC)에 의해 파송된 인물이 헨리 도지 아펜젤러 박사였다. 1889년 11월 6일 정동에서 감리교 초대선교사 아펜젤러(H. G. Appenzeller)의 장남으로 출생한 헨리 도지 아펜젤러(Henry Dodge Appenzeller, 1889-1953)는 서울에서 초등학교 과정을 이수하고, 미국으로 가 프린스턴대학교(1911), 드루신학교(1915)를 졸업하고 뉴욕대학교 대학원에서 수학하고(MA, 1917) 목사안수를 받은 후 제2대 선교사로 내한하여 인천 지방에서 활동했다. 1920년부터 1940년 한국을 떠나기까지는 선친이 설립한 배재학교

교장으로 봉직했다. 1940년 일제에 의해 한국을 떠나 미국으로 돌아간 그는 호놀룰루 제일감리교회, LA의 감리교회 목사로 봉사했다. 그러다가 한국에서 전쟁이 발발하자 기독교세계봉사회(CWS) 책임자로 미국교회 연합회의 파송으로 1950년 다시 내한하여 1951년 2월 부산으로 이주하였다.[110] 그는 이때부터 피난지 부산을 거점으로 미국본부뿐만이 아니라 우방각국의 봉사기관과 협조하면서 지원물자를 공급받아 전쟁 이재민들에게 식량 · 분유 · 의복 · 담요 등 생활필수품을 지원하는 일을 주관했다. 이 일은 전쟁 이후까지 계속되어 휴전 후에는 고아원 · 양로원 · 신체장애자 · 재활센터 등 사회복지시설을 지원하였다. 기독교세계봉사회는 한국지회가 조직되기 이전인 1947년부터 1955년 어간에 한국을 위해 1억 달러의 현금을 지원했다고 한다. 1945년부터 1961년까지 외원기관의 전체 후원금은 31억 달러에 달해 외원기관이 '제2의 보사부'로 불릴 정도였는데, 기독교세계 봉사회가 상당 부분을 감당하고 있었음을 알 수 있다.

헨리 아펜젤러는 부산을 거점으로 피난민과 고아와 과부, 그리고 가난한 이들을 보살피며 동분서주했다. 그는 1953년 11월까지 3년 동안 구호활동에 전력을 다했다. 그러다가 백혈구 부족으로 쓰러져 치료차 미국으로 돌아가 계속 치료를 받았으나 1953년 12월 1일 뉴욕의 감리교 병원에서 하나님의

---

110) 김양선, 『한국기독교해방십년사』, 88.

부름을 받았다. 만 64세 때였다. "나의 뼈는 나의 고국이요, 사랑인 한국 땅에 묻어 달라." 마지막 유언이었다고 한다. 장례식은 한국선교사 출신이자 고인의 동료였던 전선(仝善, An- ders Kristian Jensen, 1897-1956) 목사의 사회로 엄수되었다.

젠센은 1927년 내한하여 선교사로 활동했고, 6.25 전쟁 중에는 개성에서 중공군의 포로로 억류생활하다 석방된 인물이었다. 미국기독교연합회는 한국기독교연합회에 이렇게 통보했다.

> "한국에서 출생하고 65평생을 한국, 한국민, 한국교회를 위해 가장 선한 친구로, 가장 착한 지도자로, 가장 귀한 목자로 봉사하던 고 아펜젤러 박사의 최후를 영결하기 위한 장례식은 12월 2일 수요일 오후 미국 뉴욕 시내 감리교회에서 부인과 아들, 그의 형제인 두 아펜젤러 박사와 한국인 교우와 한국관계자들과 미국교계 지도자들이 참석한 가운데서 젠센 박사의 사회로 엄숙히 집례되었다. 특히 웰치 감독과 베커 감독이 장례식 집례를 보좌하였다." [111]

장례식을 마치고 그의 시신은 화장되었고, 유골은 젠센 선교사에 의해 한국으로 돌아왔다. 1954년 4월 20일 오후 2시 정동감리교회에서 배재학교와 기독교세계봉사회 공동 주최의 이장예배가 엄숙히 거행되었고, 유해는 그의 부모와 누나가 묻힌 양화진 외국인 묘지에 묻혔다.

---

111) 김양선, 87.

7. 전쟁기 부산에서의 신학교육

1) 고려신학교

6.25 전쟁기 부산에서의 신학교육은 어떠했을까? 부산에는 1946년 9월 20일 개교한 고려신학교가 있었다. 고려신학교는 부산진 좌천동 일신여학교 교사에서 시작되었으나 약 5개월 후인 1947년 3월 5일은 한상동 목사가 시무하던 초량교회 삼일유치원으로 이전하였다. 한상동 목사는 고려신학교를 설립하기 두 달 전인 1946년 7월 30일 초량교회에 담임목사로 부임하여 목회하고 있었는데, 해방 후 다시 선교지로 돌아온 호주선교부가 일신여학교 교실 사용에 대하여 이의를 제기하였다. 즉 한상동 목사와 호주선교부 대표 안다손(George Anderson) 선교사 간에 문제가 있어 한상동 목사는 일신여학교 건물에서 나와야 했고, 마땅한 교사가 없어 초량교회 유치원으로 이전한 것이다. 그로부터 약 40일 후인 4월 19일에는

부산시 광복동 12가 7번지 적산 건물로 이전하였다. 이곳이 지금의 광복동에서 용두산공원(당시 우남공원)으로 올라가는 에스컬레이터 주변이었다. 따라서 전쟁기 고려신학교는 광복동 1가 7번지에 위치하고 있었고, 1950년 당시 학생 수는 70여 명에 달했다.

고려신학교 첫 교수는 박윤선(朴允善, 1905-1988)과 한상동 목사(韓尙東, 1901-1976)였다. 한부선 선교사는 1946년 10월 말 다시 한국으로 돌아왔고 11월 13일부로 고려신학교 교수단에 합류했다. 만주에서 귀국한 박형룡(朴亨龍, 1897-1978) 박사는 1947년 10월 14일 고려신학교 교장으로 취임했으나 불과 1학기도 채우지 못하고 1948년 4월 교장직을 사임했다. 1948년에는 이상근(李相根, 1911-2011) 목사가 조직신학 교수

고려신학교 초기 교수들.
좌로부터 한부선, 함일돈, 박손혁, 이상근, 박윤선, 오종덕, 한상동, 한명동 목사

로 취임하였고, 그해 5월에는 함일돈(Floyd E. Hamilton, 1890-1969) 선교사가 내한하여 교수로 임명되었다. 그래서 6.25 전쟁 발발 당시 고려신학교 교수는 박윤선, 한상동, 한부선, 이상근, 함일돈 등이었고, 강사는 김진홍(金鎭鴻, 1906-1988), 박손혁(朴遜赫, 1901-1968), 오종덕(吳宗德, 1891-1976), 한명동(韓明東, 1909-2001), 그리고 선교사인 마두원(馬斗元, Rev. Dwight Malsbary), 최의손(崔義遜, Dr. William H. Chisholm) 등이었다.

고려신학교는 1946년 7월 9일 경남노회 제47회에서 설립 인가를 받았으나, 그해 9월 20일 17명의 첫 입학생을 받아 사실상 사설신학교로 출발했다. 이후 고려신학교 인준 문제는 경남노회와 총회의 중요한 사안이 되었다. 1948년 4월에 모인 제34회 대한예수교장로회 총회는 고려신학교는 총회와 무관하다는 결의를 했고, 그해 9월 21일 부산 항서교회에서 모인 경남노회 제49회 임시노회에서는 44:31로 고려신학교 인준 취소를 결의했다. 1946년 12월 제48회 경남노회에 이은 두 번째 인정 취소였다. 그런데, 1948년 12월 7일 모인 제50회 경남노회는 9월 21일의 인정 취소가 위법임으로 고려신학교를 재인준했다. 1949년 4월 23일 서울 새문안교회에서 모인 35회 총회는 34회 총회에 이어 고려신학교는 총회와 관계없음을 재확인했다.

전쟁이 일어나기 두 달 전인 1950년 4월 21월 대구 제일교회당에서 모인 제36회 총회는 혼란한 경남노회 문제 처리를

전쟁기 고려신학교 교사, 부산시 중구 광복동1가 7번지

위한 별 위원 7인을 선정했는데, 이들은 5월 12일 마산에서 교회 대표자회의를 소집하고 고려신학교 관계자들의 총회와의 절연을 요구했다. 전쟁기 고려신학교는 총회의 인정을 받지 못했고 경남노회에서도 극단적인 지지와 반대에 직면한 상태였다. 1951년 5월 부산 중앙교회에서 열린 제36회 속회총회에서 고려신학교 중심의 경남(법통)노회는 총회로부터 절연되고, 1952년 9월에는 경남법통노회가 중심이 되어 '대한예수교장로회 총노회' 라는 이름으로 고신교회(교단)이 출범하게 된다. 이처럼 고려신학교는 전쟁기 총회와 노회로부터의 인준건으로 혼란한 시기였고, 안정적이지 못한 가운데 신학교육이 이루어졌지만 전쟁이 발발하기 20일 전인 1950년 6월 6

일에는 제4회 졸업식(졸업생 12명)을, 1951년 6월 27일에는 제5회 졸업식(25명)을, 1952년 4월 9일에는 제6회 졸업식(23명)을, 1953년 3월 26일에는 제7회 졸업식(13명)을 거행했다.

전쟁기 고려신학교는 부산 광복동 1가 7번지에 교사가 있었으나 1955년 미군 AFAK의 원조로 부산시 서구 암남동(송도) 34번지에 교사 3동 594평을 건축하고, 1956년 4월 이곳으로 이전하였다. 1964년 9월에는 대한예수교장로회 고신총회 직영신학교가 되었고, 1968년 2월 28일에는 문교부로부터 대학에 준하는 각종학교로 인가를 받았다. 1969년 9월 6일에는 대학동등학력인정 지정학교로, 1970년 12월 30일에는 신학과 40명 정원의 고려신학대학 설립인가를 받아 정규대학이 되었다. 학부 과정은 1956년 이래로 암남동의 송도 교정에서 25여년을 보내고 1984년에는 영도구 동삼동 149번지로 이전하였고, 신학교(신학대학원) 과정은 이곳에서 44년을 보내고 1998년 3월 천안시 삼용동 40번지로 이전하여 오늘에 이르고 있다.

2) 조선신학교

그렇다면 다른 신학교육기관은 어떠했을까? 전쟁기 서울의 대학이 부산에서 수업하거나 부산 분교를 운영하였고, 1951년 5월 4일 '대학교육에 관한 전시 특별 조치법'을 공포하여 전시연합대학을 운영하게 했다. 이런 경우는 세계교육사상 유례가 없는 전시 하에서의 교육 제도였을 것이다. 그렇다면 서울에 소재한 신학교는 전쟁기간 중 어떻게 신학교육을 계속했을까?

대부분의 신학교는 부산에 임시교사를 설치하고 신학교육을 시행하였는데, 조선신학교(한국신학대학)의 경우도 부산에서 전시(戰時) 학교를 운영하였다. 1940년 4월 개교한 조선신학교는 1951년 4월 28일 우리나라에서 신학교육기관으로는 처음으로 '한국신학대학'이라는 이름으로 대학 인가를 받게 된다. 백낙준 박사가 문교부 장관으로 있을 때였다. 이 조선신학교는 전쟁이 발발하자 임시 휴교하였으나, 1951년 4월 부산에서 다시 개강하게 된다. 이 일을 주도한 이가 정대위(鄭大爲) 교수였다. 당시 학교 관계자들은 부산이나 제주도로 피난 중이었는데, 그는 동대신동 항서교회 종탑 방에 임시로 거주하고 있었다. 후에 경동교회 담임목사가 되는 강원룡(姜元龍) 목사도 정대위 교수와 같이 항서교회 종탑방에서 살고 있었다. 이들의 노력으로 남부민동의 항남교회에서 신학교육을 재개하게 된 것이다. 당시 항남교회 권남선(權南善) 담임목사는 일본 아오야먀(靑山學院) 출신으로 김재준 목사보다 2년 선배였다. 이런 관계로 항남교회 옆의 공한지를 이용할 수 있었는데, 그곳이 남부민동 22번지 채소밭이었다.

강원룡의 회고록에 의하면, 거제도에서 피난하고 있던 김재준 목사를 찾아가 부산으로 돌아와 다시 신학교를 시작하자고 했을 때 김재준은 완강하게 거절했다고 한다. 김재준은 조선신학교 설립자 중의 한사람이었고 조선신학교를 많이 후원했던 진정률 장로가 거제도에 살고 있었기에 그곳에서 피난하고 있었다. 캐나다에서 유학했던 정대위 교수는 영어가 능통했고 한국전에 참가한 캐나다 군부대로 찾아가 그들이 쓰고 버리는 목재 탄환상자들을 대량으로 얻어와 임시교사를 짓고 사택까지 준비했다고 한다. 그리고 다시 김재준 목사를 찾아가 신학교육을 위해 부산으로 돌아와 달라고 요청하였다. 이렇게 하여 교수들이 모이고 신학교육을 재개하게 되었다고 한다. 정대위 교수는 학장으로, 최윤관은 부산의 상이군인정신요양원 원장으로 일하면서 교수로 참여했다. 김정준은 교수로 동참했으나 1951년 8월에는 캐나다 토론토의 임마누엘신학교로 유학을 떠났다. 1952년 3월에는 서남동, 이장식 교수와 전경연 박사가 교수로 취임하였다. 강사로는 안희국, 강원룡, 김종대, 서창제, 지동식, 최거덕, 한철하 등이었다.

피난지에서 첫 졸업식은 1951년 7월 18일 거행된 제10회 졸업식이었다. 학부 15명과 전문부 32명을 배출하였다. 학생수가 늘어나자 미군과 교섭하여 목재와 나무상자를 얻어와 강당 겸 강의실도 세우고 신학교육을 시행했는데, 이곳이 남부민동 22번지였다. 1952년 4월 26일에는 함태영 목사가 학장으로 취임했다. 그는 대한민국 심계원장(審計院長) 출신인데, 저명한 법률가였다. 피난생활을 끝내고 서울 동자동 15번지의 캠퍼스로 돌아간 때는 1953년 8월이었다. 그래서 한국신학대학은 2년 5개월, 곧 5학기 동안 부산에서 신학교육을 시행하였다.

3) 장로회신학교

그렇다면 장로회신학교는 어떠했을까? 장로회 신학교는 1948년 6월 3일 서울 남산에서 개교했다. 학교의 설립일에 대해서는 3일, 9일, 20일 설이 있으나 20일은 주일이므로 이 날은 아닌 것이 분명하고, 3일(목) 혹은 9일(수)일 설이 유력하지만 증언과 기록을 종합해 볼 때 6월 3일이 정확하다.[112] 학교를 설립하게 된 배경은 이러하다. 1946년 9월 20일 고려신학교가 박윤선 목사를 임시교장으로 하여 부산진 좌천동에서

---

112) 당시 학생이었던 조동진 목사는 「국민일보」에 연제한 "역경의 열매" (2019.7.20.)에서 이렇게 말한다. "나는 1948년 4월 18일 서울 남산 신궁터에 천막을 쳤다. 미군이 쓰다 내버린 천막을 기워 만들었다. 남학생들의 임시 기숙사였다. 우리는 교회를 찾아다니며 구걸했다. 교회들은 정치싸움에 말려들까 봐 인색했지만 그래도 그럭저럭 돈이 마련돼 적산가옥을 구입했다. 교장으로 모실 박형룡 박사의 숙소와 여학생 기숙사였다. 신학교 교사는 성도교회 황은균 목사가 교회 건물을 사용토록 허락했다. 사무실도 책상도, 의자도 칠판도 없었고 돗자리를 깐 공간 외에는 아무것도 없었다. 교장과 70여명의 학생으로 시작한 학교는 '장로회신학교' 였다. 48년 6월 3일 개교식을 개최했다." 당시 학생이었고 첫 졸업생이 되는 정규오는, 『한국장로교회사 상』 (해원기념사업회, 2014), 93쪽에서, "박형룡 박사는 고려신학교 교장직을 사임하고 51인 학생들이 주축이 되어 동년 6월 남산공원 조선신궁의 터전 성도교회당을 임시 교사로 정하고 개교를 보게 되었다. 개교 당시 학생 수는 60여명, 학우회장 정규오였다"고 기록하고 있으나, 김남식의 『해원 정규오 목사』 (해원기념사업회, 2013), 164쪽에서, "박형룡이 고신을 떠나자 당시 120명의 학생 중에 약 60명이 박형룡을 따라 서울로 올라오게 된다. 박형룡을 따라 고려신학교에 편입한 학생이 34명이었지만, 서울로 올라올 때에는 60명이나 되었다."고 말하고, "1948년 6월 3일, 109명의 편입생으로 개교하여 한 달 만인 1948년 7월 9일 제1회 25명의 졸업생을 배출했다."고 기록하고 있다.

개교했는데, 교장으로는 만주에 계시던 박형룡 박사를 생각하고 있었다. 그래서 송상석 목사는 사지(死地)를 넘어 만주로 가서 박형룡 목사 가족을 안전하게 귀국하게 하였고, 박형룡은 부산으로 와 1947년 10월 14일 고려신학교 교장으로 취임했다. 그러나 고려신학교 설립자 한상동과 박형룡 교장 사이에는 이견이 제기되었고 결국 박형룡은 교장으로 취임한지 불과 5개월이 지난 1948년 초 고려신학교를 사임했다. 그리고는 서울로 돌아가 새로운 신학교를 설립했는데, 그것이 1948년 6월 개교한 장로회신학교였다. 개교하기에 앞서 5월 20일에는 서울 창동교회에서 새로운 신학교 설립을 결정하고 이사회를 조직하였고, 개교식은 6월 3일 서울 남산의 과거 조선신궁 터 자리에 있던 성도교회에서 개최되었다. 개교식 이후 성도교회당이 장로교신학교 임시교사로 사용되었다.

장로회신학교는 1회 졸업생 25명, 2회 졸업생 38명, 3회 졸업생 35명을 배출하고 전쟁의 발발로 1950년 9월 학기를 개교하지 못했다. 그러다가 9.28 서울 수복 후 늦게나마 개강했으나 어수선한 가운데 두 달을 채웠다. 그러나 중공군의 개입으로 다시 피난길에 올랐다. 1.4후퇴였다. 1951년 1.4 후퇴 때 교수와 학생들이 다 피난길에 올라 수업은 중단될 수밖에 없었다. 그러다가 부산에서 다시 장로회신학교가 개강하게 되는데 그 때가 1951년 5월 1일이었다.[113] 임시교사를 수색하던

---

113) 김득렬 편, 『씨를 뿌리러 나왔더니』 (서울: 카이로스, 2007), 154.

중 부산진교회 당회의 허락을 얻고 부산진교회당을 사용하게 되었다. 당시 부산진교회 담임목사는 김성여(金聖與) 목사였는데, 당회 기록에는 장로교신학교 임시교사 건에 대한 아무런 기록도 없다. 일반적으로 피난지 부산에서 개강한 날을 '1951년 봄'이라고 말하는데,[114] 당시 교수였던 권세열 (Francis Kinsler) 선교사는 1951년 6월 16일자로 선교본부에 보낸 편지에서 5월 1일이라고 분명하게 말하고 있다. 이 때 등록한 학생은 275명에 달했다고 한다. 권세열 선교사의 기록은 아래와 같다.

부산진교회에서의 장로회신학교 제4회 졸업 기념(1951. 7. 5)
사진제공: 서명자

---

114) 대한예수교장로회평양노회, 『대한예수교장로회평양노회 100년사』(한국장로교출판사, 2012), 276쪽에서는 '1951년 3월'이라고 말하고 있다.

"장로교신학교는 1951년 5월 1일, 부산진교회 건물에서 피난민학교로 다시 개학하였다. 우리들은 한 100여명 정도의 학생들이 오리라고 생각했었는데, 현재 등록된 학생 수는 275명이나 된다. 사실 신학교에 온 대부분의 청년들은 전쟁터에 가 있을 수 있음에도 불구하고 신학교에 올 수 있었다."

이어서 학생들의 기도생활에 대해 이렇게 기록하고 있다.

"나는 오늘 이른 아침, 학생들의 새벽기도회에 참석하였다. 학생들이 매일 자신들의 새벽기도회를 스스로 인도하고 있으며, 교수들은 별로 참석하지 않는다. 학생들은 찬송을 부르고 성경말씀을 봉독하고, 말씀을 증거한 후 기도를 드린다. 그들은 한목소리로 약 30분 이상 기도를 드리며, 많은 이들은 눈물로서 하나님께 호소한다. 저들은 음식이나 집 같은 저들에게 핍절한 물건들을 구하지 않고 자신들의 보다 나은, 진실된 신앙생활과 한국교회와 전체 한민족을 위하여 기도드리는 것이다. 우리 서방 세계에서는, 여기서 볼 수 있는 바와 같이 주님을 간절히 사랑하고, 위하여 헌신하는 것을 찾아보기 어렵다." [115]

당시 교장은 박형룡 박사였고 한경직 권세열 등이 교수였다. 그해 7월 6일 금요일에는 제4회 졸업식이 거행되었다. 졸업생은 66명이었다. 권신찬, 변수경, 은영기, 임옥, 임인식,

---

115) 김득렬 편, 154.

최동진, 최찬영, 최응원, 한영원 등이었다.[116]

평양 출신으로 제주도에서 피난하던 임인식은, 가족은 제주도에 남아 있고 본인만 부산으로 와 공부하고 4회로 졸업했다. 전쟁 중 부산에서의 제4회 졸업식이 마지막 졸업식이 되었다. 장로교회는 조선신학교와 장로회 신학교 문제로 갈등하였고, 두 신학교를 통합하여 총회신학교를 설립하기로 결의했기 때문이다. 비록 조선신학교는 이에 불응했지만.

4) 총회신학교

지금의 총신대학교가 '총회신학교'라는 이름으로 6.25 전쟁기에 설립되었다는 사실을 아는 이들이 많지 않다. 알고 있다 하더라도 어떤 배경에서 설립되었는가를 모르는 이들이 많을 것이다. 비록 총회신학교가 대구에서 개교했지만, 전쟁기였고 한국교회와 부산 지역 이야기와 무관하지 않다.

앞에서 기록했지만 1946년 6월 조직된 남부총회는 1940년 설립된 조선신학교를 총회 인준 직영신학교로 결의했고, 1948년 6월 설립된 장로회신학교도 1949년 4월 서울 새문안교회에서 열린 제35회 장로교총회에서 총회직영신학교로 인준을 받았다. 결국 총회 안에 두 직영 신학교가 존재하게 된 것이다. 이렇게 되자 양 학교를 지지하거나 반대하는 이들을

---

116) 졸업생 명단은 『장로회신학대학70년사』 (장로회신학대학, 1971), 197-8을 보라.

둘러싼 대립이나 경쟁은 불가피했다.

이런 상황에서 한경직 목사의 제안으로 총회에 '신학교합동위원회'가 구성되었고, 35회 총회는 장로회신학교와 조선신학교의 합동을 결의하였다. 그러나 합동이 성사되지 못했다. 특히 조선신학교 측의 반대가 컸기 때문이다. 그래서 1951년 5월 부산중앙교회에서 모인 제36회 총회(속회)에서는 조선신학교측의 강한 반대에도 불구하고 "양 신학교를 발전적으로 해체하고" 새로운 총회 직영 신학교를 설립하기로 결의했다. 이 결의는 53:3이라는 압도적 지지로 가결되었다. 이 결정에 따라 제36회 속회 총회기간인 5월 30일 부산 중구 보수동에 위치한 광복교회에서 권연호 목사를 이사장으로, 노진현 목사를 서기로, 김광현 목사를 회계로 하는 이사회를 구성하고 신학교 설립을 협의하였다. 그해 7월 25일 대구고등성경학교에서 모인 제2차 이사회는 총회신학교를 대구에서 개교하기로 결의하였다. 교장과 교수 선임에 대하여는 장시간 논의하였는데, 조선신학교의 반발을 고려하여 박형룡 대신 감부열(Archibold Campbell) 선교사를 교장으로 선임하였다. 교수로는 박형룡, 권세열, 김치선, 계일승, 한경직, 명신홍 목사, 그리고 인톤(William Linton), 조하파(Joseph Hooper) 선교사를 선임했다. 이런 준비를 갖추고 1951년 9월 18일 화요일 '총회신학교'가 대구 대신동의 서문교회당 하층에서 개교하였다. 조선신학교가 합동에 참여하지 않음으로서 실제적으로는 박형룡이 교장으로 있던 장로교신학교가 이름만 바뀌어 재 개교한 것에 불과했다는 평가를 받기도 한다.

이처럼 총회 결의에 따라 장로회신학교를 해체하고 총회신학교를 설립하게 되자 부산진교회에서 수업하던 신학생들은 다시 대구로 몰려들었다. 강계찬, 손영섭 같은 이들도 부산에서 한 학기 마치고 대구로 갔다. 결국 부산진교회에서 시행된 신학교육은 한 학기로 끝나고 만 것이다. 대구에서 총회신학교를 개교할 당시 신학생 수는 200-300명 정도가 될 것으로 예상했으나 500여명에 가까운 많은 학생들이 몰려 왔다. 감부열 교장의 지적처럼 '총회신학교는 나면서부터 성인이었다.' 교사가 부족하여 대구 대신동에 있는 안두화 선교사 쓰던 집을 기숙사와 사무실로 사용하고, 서문교회 외에도 남산교회 건물을 교실로 사용하기도 했다. 개학 당시 상황에 대해 권세열 선교사(교수)는 1951년 11월 7일자의 선교보고에서 이렇게 적었다.

"새로운 장로회 신학교가 대구에서 약 500명의 학생들과 함께 개교하였다. 그 학생들 중 반수 이상의 학생들의 아버지나 형제들은 순교 당하였거나 가족이 이산(離散)된 이들이며 북한에서 내려온 이들이다. 학생들은 교회 건물을 임시교실과 기숙사로 사용하며 공부하고 있다. 학생들은 학과 공부 외에도 교수의 지도하에서 노방전도, 개인전도, 교회심방, 병원과 교도소 방문 등 봉사활동을 전개하고 있다. 또 교회

를 개척하고 성경구락부에서 아동들을 가르치고 있다." [117)

총회신학교가 1952년 5월 개학했을 당시 재학생은 494명에 달했는데, 이중 여학생이 74명이었다. 이를 보면 반 조신 (反 朝鮮神學校)의 범 보수적 환경이 압도적이었음을 보여준다.

권세열 선교사는 1953년 5월 15일자 보고에서는 졸업생이 73명이라고 말하는데 이는 제 2회 졸업식을 의미하는 것이었다. 이 때 졸업생인 김광수와 이능백에 대한 정보를 주고 있는데, 김광수(金光洙)와 그의 동생은 평양에서 그의 부친이 공산당의 기독교도연맹에 가입하기를 거부하고 금광에 끌려가 하루 20시간씩 중노동에 시달렸음을 말하고 있다. 그런데 유엔군이 북진할 때 총살장으로 끌려가던 광수의 아버지는 탈출하여 목숨을 구했다고 한다. 또 이능백(李能伯)은 신사참배 거부로 학교교육을 받지 못했고, 전쟁이 발발한 이후에는 공산정권의 징집을 피해 마루 밑에 구멍을 파고 숨어 지내거나 산에서 피해 지내던 중 유엔군의 북진으로 해방되었고, 곧 한국군에 입대하여 공산 정권과 싸웠고 제대 후 신학교에서 공부했다고 한다.

1953년 5월 22일자 보고에 의하면, 1953년에 이 총회신학교에 200명 이상의 학생들이 지원하여 총 등록학생이 450명에 달했다고 한다. [118) 그래서 세계 최대의 신학교가 되었고,

117) 김득렬 편, 157.
118) 김득렬 편, 171.

학생 중 4분지 3은 북한에서 공산주의를 피해 월남한 이들이라고 한다. 신학교는 신학 과목 외에도 기독교와 민주주의, 기독교와 공산주의 등의 과목도 공부했다고 한다.[119]

김재준 목사가 신학적인 문제로 총회에서 제명되자, 결국 조선신학교 측은 1953년 기독교장로회로 분립하게 된다. 대구에서 시작된 총회신학교는 서울 수복 후 서울 남산의 옛 조선신궁 터의 남산교사로 이동했고, 1953년 8월에는 감부열에 이어 박형룡 박사가 교장으로 취임했다. 당면 과제는 교육부로부터의 인가와 교사의 건축이었다. 그래서 1954년부터 이를 추진하였고, 이를 위해 박내승을 총무과장으로 임용했다. 그러나 그가 신학교 건축기금으로 모아 둔 3천만 환을 사기한 사건이 발생하여 총회는 내분에 휩싸였고, 결국 1959년 승동측과 연동측으로 분열되는 아픔을 겪었다. 물론 다른 원인도 있었지만.

5) 대한신학교

김치선 박사가 설립한 대한신학교도 전시 중 부산에서 신학교육을 시행하였다. 대한신학교는 서울의 남대문교회 담임목사였던 김치선(金致善, 1899-1968) 목사가 1948년 설립한 야간신학교였다. 함경남도 함흥 출신인 김치선은 캐나다장로교 영재형(Luther Young) 선교사를 통해 기독교 신앙을 갖게 되

---

119) 1953년 8월의 보고, 김득렬 편, 『씨를 뿌리려 나왔더니』, 177.

었고, 함흥의 영생중학교를 거쳐 연희전문학교를 졸업하고 1927년 4월 평양신학교에 입학하였다. 그러나 한 학기 수학한 후 영재형 선교사를 따라 일본으로 가 고베중앙신학교에 편입하였다. 1931년 3월 이 신학교를 졸업한 후에는 다시 영재형 선교사의 추천으로 미국으로 가 웨스트민스터신학교에서 수학하고 1933년 5월 졸업했다. 곧 달라신학교(Dallas Theological Seminary)에 입학하게 되는데, 당시에는 복음주의신학교(Evangelical Theological College)로 불리고 있었다. 김치선 이 학교에서 1936년 5월 신학박사(ThD) 학위를 받고 졸업하였다. 그는 한국인 최초로 구약을 전공하여 신학박사 학위를 받은 것이다. 졸업 후 일본으로 돌아가 영재형 선교사를 도와 재일한인교회를 위해 일하던 중 1944년 3월 귀국하였고, 약 2개월 후인 1944년 5월 서울의 남대문교회에 담임목사로 부임하였다. 이 교회에서 처음으로 새벽기도회를 시작하였는데, 남한의 모든 교회로 전파되었다. 얼마 후 남대문교회는 한경직의 영락교회와 더불어 서울을 대표하는 교회로 부상했다.

이 교회 담임목사로 일하면서 1948년 8월 야간신학교를 개설했는데 그것이 후에 대한신학교로 발전하였다. 이 보다 앞서 김치선 박사는 1946년 9월 20일 부산에서 고려신학교를 개교했을 때 개교 강연자로 초청받아 '신학과 신조'라는 제목으로 강연한 바 있고, 이 일로 고려신학교 교수로 일해 달라는 부탁을 받은 바 있으나 사양하고 자신의 교회당에서 야간 신학교를 개설한 것이다.

이북 출신이기도 했던 김치선은 해방 이후 월남 인사 중 신학을 공부하고자 하는 이들에게 수학의 기회를 제공하기 위해 '장로회야간신학교'를 설립한 것이다. 그는 우리나라 첫 민족복음화운동이라고 할 수 있는 '300만 구령운동'을 전개했는데, 경남의 손양원도 이 운동에 동참했다. 이 운동을 위해서라도 신학교육이 필요했기 때문에 대한신학교를 설립한 것이다. 1950년 5월에는 첫 졸업생 18명을 배출했는데 한 달 후 전쟁이 발발했다.

전쟁이 일어나자 김치선은 6월 28일 삼각산으로 피난을 떠났고 그 이후 부산으로까지 피난 오게 된다. 불가피하게 신학교육도 중단되었다. 그러든 중 인천상육작전에 성공하게 되어 다시 서울로 돌아갔으나 그것도 잠시. 중공군의 개입으로 전세가 불리하게 전개되어 다시 서울을 떠나지 않으면 안 되었다. 이른바 1.4 후퇴였다. 그날 목요일 아침, 서울의 강은 얼어 붙고 겨울의 세찬 바람이 피난민에게 아픔을 더했다.

다시 피난민들은 부산으로 몰려들어 1951년 3월 부산의 인구는 120만 명을 넘어서게 된다. 그리고 이들을 수용하기엔 주변 환경이 턱없이 부족했다. 곧 서울 복귀가 어렵다고 판단한 김치선 박사는 그가 거주하던 대청동의 중앙교회 노진현 목사와 대한신학교 임시교육에 대해 의논하였고, 매우 열악한 환경이었으나 1952년 9월 신학교육을 재개하였다.[120] 대한신학교 교육을 시행한 곳이 어디인가는 분명한 기록이 없지만 노진현목사의 중앙교회당이었을 것으로 추측된다. 노진현과 김치선은 일본 중앙신학교 동창이었고, 노진현이 분교장을 맡은 점을 고려해 볼 때 전시 중 다른 공간을 찾기 어려웠을 것으로 보인다. 부산에서 임시 교육은 약 2년간 계속되었다.

제주도에서도 1951년 9월 윤필성 목사를 교장으로 임시학교를 열었으나 겨우 한 학기 후 폐쇄되었다. 1953년 7월 휴전협정의 체결되자 그해 9월 부산 분교는 서울로 복귀했다. 복귀와 더불어 대한신학교는 4년제 신학교로 인가를 받았고, 김치선 박사는 교장으로 취임했다.[121] 전쟁 중인 1951년 5월 대구에서 총회신학교가 개교했을 때 김치선은 교수로 초빙되었음으로 김치선은 자신이 설립한 대한신학교와 총회신학교, 양 학교에 관여하고 있었다.

6) 감리교신학교

지금 감리교신학대학교로 불리는 감리교회의 신학교육이 시작된 것은 1893년부터라고 한다. 한국에서의 감리교 선교

---

120) 김동화, 241. 이종전, 68. 대한신학교의 부산 분교 혹은 부산에서의 임시 신학 교육에 대해서는 다른 기록도 있다. 「기독공보」 (1952. 10. 6)자에 의하면, 1951년 6월 부산에서 제2회 졸업식이 거행되어 8명이 졸업했고, 1952년 4월 5일에는 제3회 졸업식이 거행되었다고 한다. 그렇다면 부산 분교는 1951년 6월 이전에 시행되었다고 봐야 할 것이다.

121) 김동화, 『나에게 있어서 영원한 것』, 241. 이종전, 『김치선 박사의 생애와 신학』(아벨서원, 2022), 68.

는 아펜젤러의 내한으로 시작되는데 그가 1885년 8월에 설립한 '배재학당'은 조선에서의 최초의 선교학교였다. 1887년에는 배재학당 내에 '신학부'를 설치했는데, 이것이 감리교회의 신학교육의 효시라고 할 수 있다. 그러나 이 신학부가 계획대로 발전하지 못했다. 1888년에 일어난 '영아소동' 때문이었다. 영아소동이란 근대화 정책에 반감을 가진 수구세력들이 퍼트린 거짓에서 비롯된 폭력 소동인데, 서양인들이 조선 아이들의 눈을 뽑아 사진기 렌즈를 만들고, 아이의 간(肝)을 약으로 쓴다는 소문을 퍼뜨려 분노한 민중들이 서양인들을 폭행하는 소동을 말한다. 이런 소동이 일어나자 고종은 서양인들의 활동을 잠시 중단시켰다. 배재학당과 이화학당도 잠정 폐쇄 되고, 배재학당 내에서 이루어졌던 신학 교육도 중단될 수밖에 없었다. 그로부터 5년이 지난 1893년 겨울에는 '본처(本處) 전도인 양성과정'이라는 이름으로 다시 '신학반'(Theological class)을 열었는데, 이것이 한국에서의 감리교 신학교육의 시작이라고 할 수 있다. 1899년 2월에는 '신학반'이 '신학회'으로 개칭되었다. 이 무렵 공부했던 이들이 김기범과 김창식인데 이들은 1901년 한국 감리교 첫 목사가 된다. 1893년부터 한국선교를 시작한 남감리교가 북감리교회와 공동으로 신학교육을 시행하자고 제의하여 남북감리교 선교부는 이에 합의하여 1907년부터 신학교를 '감리교 협성성경학원'(Union Theological Seminary)으로 개칭하였다.

1910년에는 '감리교회 협성신학교'로 발전했다. 이때 서울 서대문구 냉천동 31번지에 부지를 확보하고 교사를 신축했다. 1931년 12월에는 전문학교령에 준하는 4년제 '감리교회 신학교'로 개칭된다.

그런데 이화학당을 세운 스크랜튼 여사가 여전도사 양성을 위하여 서울 종로에서 감리교여자성경학원을 시작했는데, 이 학교가 1920년에는 최초의 여자신학교인 '협성여자신학교'로 발전했다. 이 학교가 1932년에는 감리교협성신학교와 통합되어 남녀공학의 신학교가 되었다. 이 감리교신학교가 일제 말엽 잠정폐쇄된 일도 있으나 해방 후 1946년 3월 다시 개교하였고, 1959년에는 '감리교신학대학'으로 개칭되었다. 그러다가 1993년 대학명 자율화 조치에 따라 '감리교신학대학교'로 개칭되어 오늘에 이르고 있다. 이렇게 볼 때 감리교신학대학은 130여년의 역사를 지닌 신학교육기관이라고 할 수 있다.

앞에서 말했지만 1940년 학교가 잠정 폐쇄 되었다가 해방 이후 다시 개교한 감리교신학교는 1948년에 45명, 1949년에 40명, 1950년에는 38명의 졸업생을 배출하며 안정을 누리게 되지만, 1950년 전쟁이 발발하자 임시휴교하게 된다. 학생들과 교직원들은 피난을 가거나 고향으로 돌아갔고 1951년 봄 학기 서울 교정에서 개강할 수 없었다. 결국 피난지 부산에서 신학교 개교를 논의하게 된다. 부산에서의 첫 감리교회는

1948년 동대신동 대터턴널 인근에 설립된 부산제일감리교회였는데, 이 교회를 비롯한 부산 감리교계 지도자들의 협조를 얻어 감리교신학교는 부산시 동구 수정동 551번지의 민가를 구입하였다. 이곳은 지금의 수정초등학교와 경남여자고등학교, 부산진세무소 중간 쯤 되는 곳인데 이곳에 판자로 임시교사를 짓고 1951년 5월 4일 이곳에서 전시 신학교를 개교하게 된다. 교사는 강의실이자 강당이었고 야간에는 학생들의 숙소로 사용되었다. 수정동 임시교사에는 우물이 있어 여기서 학생들이 취식도 할 수 있었다. 당시 학제는 예과 2년, 본과 3년 총 5년 과정이었다. 학생은 모두 101명으로 남자가 78명, 여자가 23명이었다. 이중 교역자의 자녀가 21명이었다. 학생 중 다수가 이북에서 월남한 이들이었고, 고등학교 졸업을 못한 이들이 많았다.[122]

부산 임시 신학교 당시 교장은 유형기 박사였고 교수는 김용옥, 송정률, 윤성범, 장기수, 홍현설 등이었다. 이곳에서 1951년 43명의 졸업생을 배출했다. 이들은 서울 냉천동 교정에서 수학했던 이들이었다. 1952년부터는 홍현설 박사가 교장으로 봉사했는데, 그해에는 6명, 1953년에는 6명의 졸업생을 배출했다. 1952년에 입학한 이들로는 김경숙, 김경섭, 안평호 등이 있었고, 1953년에 입학한 이가 이성삼이었는데 그는 후일 교회사가가 된다. 임시교사 시절인 1953년 7월 27일

---

122) 장병일, 『6.25공산 남침과 교회』, 322.

휴전이 이루어지지만 곧장 서울로 돌아가지 못했다. 1953년 11월 5일 보수감리교회에서 부산의 임시 신학교 마지막 졸업식이 거행되었다. 이때 졸업한 이들이 곽종옥, 김희태, 박봉배, 변선환, 이인석, 이희정, 조영칠 등이었다. 부산에서 3년 간 임시 교육을 마감하고 1954년 4월 2일 부산을 떠나 서울 서대문의 본래 교사로 돌아갔다. 부산을 떠나기 꼭 20일 전인 1954년 3월 13일 촬영한 마지막 사진이 남아 있다.

7) 서울신학교

성결교의 서울신학교도 전쟁 중 부산에서 개교하였다. 본래 서울신학교는 경성성서학원의 후신인데, 경성성서학원은 1911년 3월 13일 서울 무교동에서 개교했다. 1대 원장은 존 토마스 선교사였다. 1921년에는 서울의 충정로로 이전하였고, 1930년에는 한국인 이명직(李明稙) 목사가 원장으로 취임했다. 1940년 5월 31일에는 경성신학교로 개칭되어 순조롭게 발전하던 중 신사참배 거부로 성결교단이 일제의 탄압을 받아 1943년 12월 29일자로 해체되자 교단 신학교육기관인 경성신학교 또한 폐교되었다. 그로부터 약 2년이 지난 1945년 해방과 함께 신학교 재건운동이 일어나 11월 20일 서울 아현동에서 서울신학교라는 이름으로 개교하였고 이건(李建) 목사가 제2대 교장으로 취임했다. 그런데, 6.25전쟁이 발발하고 재학생 다수가 피난길에 오르고 특히 서울이 공산치하에

놓이게 되자 신학교육이 어려워 6월 28일 임시휴교하게 된다. 이때 다수의 교회 지도자들이 납북되었는데, 성결교 인물로는 총회장 박현명 목사를 비롯하여 서울신학교장 이건 목사와 김유연, 박형규 두 교수, 그리고 아현교회 최석모 목사, 독립문교회 유세근 목사 등 6명이었다.[123] 지도자들이 피납되어 교단적으로도 어려운 시기였지만 신학교육 또한 심각한 위기였다. 그러나 신학교육을 중단할 수 없었다. 1951년 5월 부산 수정동성결교회에서 모인 총회는 피난 신학교의 개교 건을 논의하였고, 동양선교회(OMS)의 재정적 후원을 입어 온천성결교회당을 임시 교사로 피난 신학교 신과(神科)를 개교하였다. 1951년 6월 14일이었다.

온천성결교회는 1918년 부산시 동래구 복천동 424번지 초가에서 설립된 교회인데, 부산시 동구 수정동의 수정동 성결교회와 더불어 부산 경남지방에서 역사가 가장 오래된 교회였다. 1942년 5월에는 일제의 탄압으로 교단이 해체되자 교회도 폐쇄되는 아픔을 겪었다. 1946년 동래구 온천동 240번지에서 교회를 재건하였고, 동래온천성결교회로 명명했다. 2년 후인 1948년에는 적산 건물을 불하받고 온천동 225번지로 이전했는데 바로 여기서 피난 신학교를 개교하게 된 것이다.

실제로 개교한 때는 피난 총회가 열리기 전인 1950년 12월이었다. 온천성결교회에서 신과를 개교하는 동시에 여자부

---

123) 정상운, 『성결교회 역사총론』 (성결교회와 역사연구소, 2012), 389.

별과(別科)는 신마산의 임시 교사에서 개교하였다.[124] 그러나 이듬해에는 별과도 부산으로 이전하여 동래 온천장 금정산 밑에 텐트를 치고 가설 교사를 설치했다. 당시 피난신학교의 재학생은 150여명에 달했다고 한다. 교장은 이명직 목사, 교감 김창근 목사, 교무과장 황성택 목사, 학생과장 문이호 목사, 서무과장 한영환 목사였고, 교수로는 김응조, 이천영, 장창덕, 황경찬 목사, 메리드 헤인스(Meredith Haines) 선교사, 폴 헤인스(Paul W. Haines) 선교사 등이었다. 피난신학교에서 3회의 졸업생을 배출했는데, 1951년에는 별과생 11명, 1952년에는 본과생 44명, 별과생 9명 등 53명을 배출했다. 1953년 3월 17일 개최된 졸업식에서는 제11회 본과생 28명, 별과 제5회 졸업생 4명을 배출했는데, 당시 재학생은 86명이었다.[125]

약 2년 6개월간 피난 신학교로 있었으나 서울신학교는 휴전 이후 방학을 하게 되자 1953년 11월 서울의 아현동 교사로 환도하여 재 개교하였고,[126] 1959년 2월 26일에는 서울신학대학으로 인가를 받아 정규 대학으로 발전하여 오늘에 이르고 있다.

---

124) 정상운, 『성결교회 역사총론』, 390.
125) 정상운, 『성결교회 역사총론』, 391. 정상운은 『성결교회 역사총론』, 396쪽에서는 1953년 3월 당시 재학생은 192명이라고 기록하고 있다.
126) 『온천중앙성결교회사』, 251.

8. 6.25 전쟁, 어떻게 볼 것인가?

1) 6.25 전쟁의 의미

 6.25 전쟁의 전개 과정은 흔히 네 시기로 구분하는데, 6월 25일 인민군이 전면적으로 남침하여 4일 만에 서울을 점령하고 경상도 일부 지역을 제외한 전 국토를 점령한 시기가 첫 번째 시기라고 할 수 있다. 서울을 장악한 인민군은 바로 남하하지 않고 3일 동안 서울에 체류했는데, 이 기간 동안 국군은 전력을 정비 할 수 있었고, 낙동강 전선을 강고하게 구축하여 인민군의 공세를 막아낼 수 있었다. 한편 유엔안전보장이사회는 북한의 남침을 침략전쟁으로 규정하고 미국 주도 아래 유엔군 결성을 승인하여 유엔군의 참전이 이루어진 시기라고 할 수 있다.

 두 번째 시기는 9월 15일 유엔군이 인천상륙을 계시하여 성공하고 9월 28일 서울을 수복하고 38선을 넘어 북진하여 북한 지역으로 진격하였다. 중국은 유엔군이 38선을 넘으면 전쟁에 개입할 수밖에 없다는 입장이었는데, 맥아더 유엔군 총사령이 북진을 강행하여 10월 19일 평양을 점령하였고, 10월 26일에는 압록강 인근까지 진격하였다. 이때까지를 두 번째 시기라고 할 수 있다. 세 번째 시기는 북한의 요청을 받은 중국군 13병단의 압록강 도하와 참전으로 전세가 역전된 시기였다. 중공군의 대대적인 공세로 유엔군과 국군은 평양, 흥남 등지에서 철수하게 되고, 서울이 중국군에게 빼앗기게 되자 이른바 '1.4후퇴'라는 또 하나의 시련을 겪게 된다. 이후 국군이 다시 되찾은 뒤 38도선 일대에서 치열한 공방전이 전개되는 시기라고 할 수 있다. 네 번째 시기는 휴전회담의 시작으로부터 1953년 7월 27일 휴전협정이 체결되기까지의 기간이라고 할 수 있다.

이런 3년1개월 2일, 곧 1,129일 간의 전쟁은 민족적 시련이자 국가적 재난이었다. 한반도는 황폐화 되었고, 건물, 도로, 철도, 교량, 항만 시설 등 국가 기간산업은 파괴 되었다. 주택, 교육 및 의료 시설, 교회당 등 종교시설, 문화재가 파괴되었다. 학교 피해는 4,023개소, 의료기관 930개소, 공장 914개소, 금융기관 443개소, 민간가옥 612,000호가 파괴되었다. 또 남한 제조업의 42%, 북한 공업의 60%가 파괴되었다. 그래서 맥아더 장군은 "이 나라를 복구하는 데 최소한 100년이 걸릴 것"이라고 전망했다. 이런 피해보다 더 치명적인 것은 인명피해였다. 한국군 62만 명, 유엔군 16만 명, 북한군 93만 명, 중국군 100만 명 등 군인 270만여 명과 민간인 250만여 명(남한 99만968명, 북한 150만)이 죽거나 다쳤고, 남편을 잃은 과부는 30만 여명이었는데, 이들에게 딸린 자녀들이 약 51만7천명에 달했다.[127] 10만 명의 고아가 생겨났고, 이산가족은 1천만 명에 달했다. 당시 남북한 전체 인구는 약 3천만 명이었음으로 전체인구의 3분지 1에 해당했다.

이런 엄청난 피해를 준 6.25 전쟁은 한국사회에 어떤 영향을 주었을까? 필자는 이를 몇 가지로 정리해 두고자 한다. 첫째, 6.25 전쟁은 세계사적으로 급격히 팽창하던 공산주의 세력을 처음으로 저지했다는 점이다. 공산주의의 출현과 확산은 20세기 최대의 사건이라고 할 수 있는데, 1917년 10월 러시아 혁명을 통해 공산정권을 탄생 시킨 후 지난 100년 동안 공산주의는 창궐하여 한때는 세계의 3분지1을 점령하여 세상을 뒤 흔들었다. 전제군주국이던 러시아 제국이 무너지고 소비에트 러시아가 탄생한 이후 소비에트사회주의공화국연방(USSR)을 창설했고, 동유럽 국가들도 공산화된다. 이런 공산화의 물결 속에 1949년 중국이 공산화되고, 이어 베트남, 몽골, 캄보디아, 에티오피아, 쿠바, 북한 등이 잇따라 공산화된다. 러시아의 10월 혁명은 아시아와 아프리카, 중동과 중남미로 전파되어 공사주의는 전 대륙으로 확산되었다. 마지막 남

---

127) 한국기독교역사학회, 『한국기독교의 역사3』, 67.

은 남한까지도 공산화될 위기에 처해 있었으나 6.25 전쟁을 통해 공산주의를 저지한 것이다.

둘째, 6.25전쟁은 공산주의와 공산당, 그리고 북한의 정치체제가 어떤 이념과 어떤 정치체제인가를 보여주었다. 비록 전 국토가 황폐화되고 수백만 명이 고통을 겪었지만 일인 일당 독제의 공산당이 얼마나 무서운 반인륜적 집단인가를 깨닫게 된 것이다. 공산주의의 참혹은 살육의 역사를 알게 된 것이다.

셋째, 6.25전쟁은 우리나라의 국제화의 계기기 된다. 1945년 독립하고 1948년 건국한 대한민국은 아시아의 가난한 저개발 국가이자 무명의 나라였다. 그러나 전쟁을 통해 유엔의 지지를 받는 국제사회의 일원이 되었다. 유엔 협약을 통해 직접적으로 군사를 파병한 나라는 16개국이었고(참전군 인원 순으로 보면, 미국 영국 캐나다 터키 호주 필리핀 태국 네델란드 콜롬비아 그리스 뉴질랜드 프랑스 에치오피아 벨기에 암아프리카 룰셈부르크), 물자지원국은 38개국에 달했다.[128] 그리고 의료지원국은 5개국(인도 스웨덴 노르웨이 덴마크 이탈리아)에 달했다. 이렇게 볼 때 60개국이 한국을 도왔음을 알 수 있다. 이를 계기로 국제간 교류가 시작되고 한국의 국제화에 기여하였다.

---

128) 물자지원국 38개국은, 버바 캄보디아 코스타리카 쿠바 에콰도르 헝가리 아이슬란드 이스라엘 자메이카 라이베리아 멕시코 파키스탄 베네수엘라 아르헨티나 오스트리아 온두라스 인도네시아 이란 레바논 대만 사우디아라비아 베트남 칠레 도미니카공화국 이집트 엘살바도르 과테말라 파나마 스위스 시리아 아이티 모나코 파라과이 페루 우루과이 일본 리히텐슈타인 바티칸시국이다.

넷째, 미국 주도의 자유민주주의 진영에 합류하게 되었다. 전쟁을 통해 반공주의가 깊어졌고, 미국 중심의 자유민주주의 체제를 확고히 다지는 계기가 되었다. 전쟁기 미국은 가장 먼저 가장 많은 연인원 1,789,000명의 군인을 파견하여 가장 많은 병력을 파견했고, 이중 3만6천 명이 전사했다. 알지 못하는 나라를 위해 미국의 젊은이들이 목숨을 잃었다. 또 휴전에 앞서 한국과 미국 간의 한미상호방위조약(Mutual Defense Treaty between the Republic of Korea and the United States of America) 체결이 논의되어 1953년 10월 1일 체결되고 1954년 11월 18일 조약 제34호로 조약이 발표됨에 따라 한국은 미국 중심의 자유민주주의 진영에 합류하게 된다. 결과적으로 한미 관계는 동맹 수준으로 격상되어 자유민주주의 체제를 굳건히 다지게 된다.

다섯째, 6.25 전쟁은 국방력의 강화를 가져와 결과적으로 한국의 사회발전과 산업화의 기초가 되었다. 6.25 전쟁은 동족상잔의 민족적 비극이었지만, 전화의 아픔을 극복하고 폐허가 된 이 나라를 다시 세우려는 자강의지가 1960년대 이후 국가 재건의 기초가 되었다. 특히 한미동맹의 결과로 국사력이 강화되었고 이를 기초로 산업화를 이룰 수 있는 토대를 마련한 것이다. 이렇게 볼 때 6.25전쟁은 한국사회 발전의 동기를 부여했다고 할 수 있다.

2) 전쟁, 어떻게 볼 것인가?

이상에서 6.25 전쟁당시의 부산지방 상황과 기독교계의 활동, 기독교계의 전도 및 구제활동, 기독교 병원의 설립과 의료활동 등 전쟁기 상황에 대해 소개하였다. 이 글을 마무리하면서 보다 근원적인 문제, 곧 전쟁에 대한 기독교의 인식이 어떠했던 것에 대해 소개하고자 한다.

이 세상에서 인간이 저지를 수 있는 가장 심각한 만행은 전쟁이라는 점에 대해서는 아무도 부인하지 못할 것이다. 살인이 가장 극악한 죄라고 한다면, 수많은 사람들, 전쟁에 아무 책임이 없는 민간인들이 전쟁수행자들(군인) 보다 더 많이 죽거나 다친다는 것은 전쟁이 한 두 사람을 죽이는 살인과는 비교할 수 없을 정도로 인권을 유린하고 정의를 파괴한다. 우리는 손봉호 교수의 지적처럼, 행위자의 동기에 따라 그 행동의 옳고 그름을 평가한다. 그래서 고의적 살인은 큰 범죄로 간주하지만 과실치사나 전쟁에서 불가피하게 일어나는 살상은 범죄라고 여기지 않는 경향이 있다. 행위주체에 대해서만 초점을 맞추는 잘못이다. 훨씬 더 중한 것은 피해자와 피해자가 감당해야 하는 고통인데, 전쟁에서 우연하게 죽었다고 해서 고의적 살인행위로 인한 죽음보다 덜 억울하거나 덜 고통스런 것은 아니다. 사람의 생명을 위협하는 힘의 정도가 과거의 어느 때보다 커졌고, 그 방법 또한 다양해진 오늘날에는 사람의 행위의 옳고 그름을 피해자 입장에서 판단하는 것이 평등의 원칙에 부합되고 그것이 인권을 존중하는 것이다. 현대의 윤리는 행위주체 중심적이 아니라 피해자 중심적이어야 한다.[129)

　이런 관점에서 볼 때 전쟁은 인간이 저지를 수 있는 가장 큰 만행이라고 할 수 있다. 1차 대전 당시 8백만 명의 군인을 포함하여 1천5백만 명이 희생되었는데, 당시에는 이를 '최악의 소모전'이라고 불렸다. 그런데, 제2차 대전에서는 7천만 명이 희생되었는데 이중 민간인이 4천만 명이었다. 나치독일이 일으킨 독소전(獨蘇戰) 당시 소련의 20대 남성 70%(1,400만 명)가 전사했다. 스탈린의 학살이 2천만 명, 마오쩌둥의 학살 4천만 명에 달했다. 6.25전쟁은 3년 1개월 2일 간의 전쟁이었는데, 당시 재산피해는 그만두고 인적 피해를 보면, 한국 및 UN군 피해자가 776,360(사망 전사 부상 실종)명, 북한 및 중공군 피해자 1,773,600(북한군: 801,000명, 중공군: 972,600명)명이었고, 민간인 피해(사망 학살 부상 실종)는 2,540,968명에 달했다. 그 외에도 피난민 320만 명, 전쟁미망인 30만 명, 고아 10만 명, 이산가족 1,000만여 명이 발생했다. 사망자만 말한다면 군인 40만, 민간인 약 200만 명이 죽임을 당했다.

　지난 5,600년 동안 1만 4천5백 번의 크고 작은 전쟁이 있

---

129) 손봉호, 『약자중심의 윤리』, (세창출판사, 2015), 125, 120-129, 손봉호, "그리스도인과 전쟁", *Worldview*, 126(2010, 11/12), 4-5.

었고 약 35억 명이 전쟁의 와중에서 생명을 잃었다고 한다. 무기로 인명을 살상하는 것 외에도 전쟁 중에는 평상시에는 상상할 수 없는 정도의 강간, 납치, 협박, 인권모독, 인권유린이 자행 된다. 이런 점을 고려한다면, 전쟁이 일어나지 않아야 하고 기독교인들은 전쟁이 일어나지 않도록 평화를 위해 일해야 한다. 독일의 위험사회학자 율리히 베크(Ulrich Beck, 1944-2015)[130]는 현대의 재난에는 3가지 특징이 있다고 했는데, 첫째는 재난의 원인 규명이 어렵고, 둘째, 재난의 범위가 대규모적이며. 셋째, 재난의 고통이 무한정이라고 지적했다. 우리는 이런 재난의 아픔을 안고 70년을 살아왔다.

그래서 기독교 일각에서는 어떠한 상황에서도 전쟁은 피해야 한다고 주장하고, 무저항 비폭력 반전운동을 전개하기도 했다. 이런 입장을 기독교평화주의(Christian Pacifism)라고 부른다. 그런가하면, 전쟁을 불가피하게 하는 방어적 전쟁이나 정당한 동기와 원인을 지닌 경우에는 전쟁을 거부할 수 없다는 정당전쟁론(Just war), 혹은 전쟁에 종교적 의미를 부여하는 성전론(The Crusade)도 있다. 미국의 윤리신학자 라인홀드

---

130) 독일 슈톨프(Stolp, 현재의 폴란드 스웁스크(Słupsk)에서 출생한 베크는 프라이부르크 대학교, 뮌헨 대학교에서 사회학 · 철학 · 정치학을 공부했고, 뮌헨대학교에서 사회학 박사 학위를 받았다. 이후 뮌스터대학교, 밤베르크대학교, 뮌헨대학교에서 가르쳤다. 1986년에는 『위험사회 Die Risikogesellschaft』라는 저서를 통해 서구사회가 추구해온 산업화와 혹은 근대화 과정이 실제로는 가공스러운 '위험사회'(risk society)를 낳는다고 주장하고, 현대사회의 위기화 경향을 비판하여 학계의 주목을 받았다. 2015년 1월 1일, 72세의 나이로 사망하였다.

니버는 현실적 평화론을 제시하기도 했다. 어느 것이든 완전한 주장일 수 없지만 그래도 평화주의가 성경의 가르침에 근접한, 그래서 지상의 평화를 위한 하나의 대안이 될 수 있다.[주]

그런데 우리를 괴롭히는 질문은, 평화주의는 타인에게 가해지는 피해를 완전히 해소하지 못한다는 점이다. 전쟁의 피해가 나 자신에게만 국한된다면 기꺼이 평화주의를 선택할 수 있지만, 나의 평화주의는 나 이외의 다른 사람들에게 가해지는 고통을 경감시키지 못하고 도리어 가중시키는 결과를 가져 온다면 문제는 단순하지 않다. 우리는 우리 자신을 보호하기위해서가 아니라 무죄한 이웃을 위해서 싸워야 할 경우도 있을 수 있기 때문이다. 희생당할 아무런 이유나 잘못이 없음에도 불구하고 나의 평화주의 확신 때문에 더 큰 희생을 당할 수 있는데, 나에게는 그런 희생을 요구할 권리가 없다는 점이다. 이런 현실적인 문제가 평화주의 원칙을 난처하게 하지만 그럼에도 불구하고 비폭력, 비전의 윤리는 고상한 가치라는 점을 부인하지 못할 것이다. 주여, 우리에게 평화를 주소서(Dona Nobis Pacem)!

주) 평화에 대한 더 자세한 역사, 신학적 논의는, 이상규. 『우리에게 평화를 주소서』(SFC, 2021)를 참고 할것.